全民健身科普读物

八段锦百问百答

北京市社会体育管理中心 编

中国协和医科大学出版社

北 京

图书在版编目（CIP）数据

八段锦百问百答 / 北京市社会体育管理中心编 .—北京：中国协和医科大学出版社，2023.6

ISBN 978-7-5679-2205-1

Ⅰ. ①八…　Ⅱ. ①北…　Ⅲ. ①八段锦—基本知识　Ⅳ. ① G852.9

中国国家版本馆 CIP 数据核字（2023）第 089456 号

八段锦百问百答

编　　者：北京市社会体育管理中心
责任编辑：高淑英
封面设计：蒋凯瑞

出版发行：中国协和医科大学出版社
（北京市东城区东单三条 9 号　邮编 100730　电话 010 65260431）

网　　址：www. pumcp. com
经　　销：新华书店总店北京发行所
印　　刷：北京联合互通彩色印刷有限公司

开　　本：880mm × 1230mm　1/32
印　　张：4.875
字　　数：100 千字
版　　次：2023 年 6 月第 1 版
印　　次：2023 年 6 月第 1 次印刷
定　　价：48.00 元

ISBN 978-7-5679-2205-1

编委会

前言

我国现处于建设体育强国的关键时期。为有效推动全民健身政策的实施，全民健身的路径与策略变化尤为重要。运动，是提高免疫力的最佳方法之一。自全民健身政策全面实施以来，群众的健身意识在不断地加强，群众积极参与到健身的热潮之中，这是大众注重运动健康的体现。

八段锦，这种脱胎于传统文化的健身方式，无须器械，不受场地限制，适应群众对运动形式的要求，因此，越来越多的

人尝试习练。随着练习时间的增加、身体感受的深入，个人会在不同时期、不同阶段出现一些疑惑、不解。本书针对从群众中征集的八段锦常见问题，集中选择技术类型的问题进行浅析、简答，为群众更好地习练八段锦，也为更进一步推广八段锦，增强八段锦为全民健身服务的长效性作出贡献。

目录

CONTENTS

第一章 八段锦须知

第二章 八段锦功理作用

第三章 八段锦经络及穴位

第四章 八段锦动作要求

第六章 八段锦学习渠道和方法

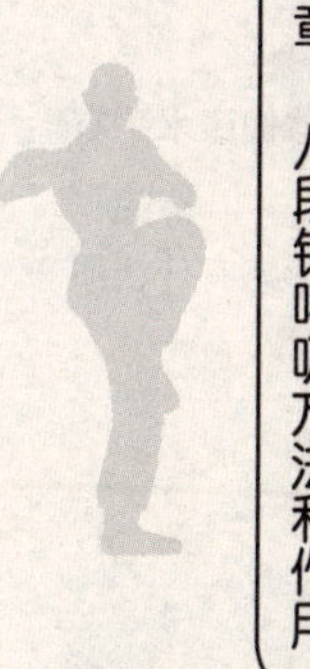

第七章 八段锦呼吸方法和作用

第八章 八段锦意守方法

第九章 八段锦对身体健康的作用

第一章 八段锦须知

本章主要内容为八段锦基本知识的解答。从"八段锦"三个字的基本含义展开，解答习练者的疑惑，使习练者充分认识、了解八段锦，将八段锦更好地应用于全民健身。

1. 八段锦的"锦"字究竟是什么意思

"锦"字，由"金""帛"组成，"金"表示贵重，"帛"则表示珍贵、华丽的丝织品，用以表示功法的珍贵、精美和华贵，同时表示练八段锦就像穿锦缎一样舒服。"锦"又有集锦的意思，是在众多导引术式中所挑选出的单个精华动作的汇集，如丝锦那样连绵不断，是一套完整的健身养生方法。

2. 八段锦是谁创编的呢

八段锦的形成经历了一个漫长的发展演变过程，八段锦到底是何时何人所创，尚无定论，但在先唐文献中已发现八段锦部分术式的印记；北宋时期，八段锦作为一个成形功法开始流传于世，有坐式、立式两种锻炼形式；元明以后，八段锦进入快速发展期，在诸多文献中有记载和介绍；进入21世纪，在传统立式八段锦基础上，由国家体育总局组织专家编创推出的健身气功·八段锦，在海内外得到了广泛传播。

3. 八段锦的招式为什么是这个顺序排列

古代的八段锦是以单一动作形式出现的，不是整套练习，所以没有顺序之分。2003年国家体育总局推出的健身气功·八段锦以《新出保身图说·八段锦》为蓝本进行编创，在继承原有功法歌诀、保留八个定式动作不变的基础上，按照传统气功学、中医学、人体生理学、运动学等规律，调整了“背后七颠百病消”“两手攀足固肾腰”两式的习练顺序，增加了预备势、收势和各定式之间的衔接动作，强调意、气、形三者的综合锻炼，按照运动强度由弱到强再到弱的规律，极大地丰富了功法功理内涵，使功法更具科学性、民族性、规范性和观赏性。

4. 八段锦的传承是一脉相传还是众所周知?

八段锦形成于12世纪，何人所创尚无定论，后在历代流传中形成许多练法和风格各具特色的流派，它动作简单易行，功效显著。古人把这套动作比喻为“锦”，意为动作舒展优美，如锦缎般优美、柔顺，又因为功法共为八段，每段一个动作，故名为“八段锦”。它是一个集锦，是我国劳动人民几千年来智慧的结晶，因此八段锦的传承并不是一脉相传，它源于生活，高于生活，最后反馈于老百姓。

5. 我们为什么要练八段锦

（1）当今运动形式多种多样，适合不同的运动人群。八段锦具有柔和缓慢、圆活连贯，松紧结合、动静相兼，神与形合、气寓其中等特点。因此，健身气功·八段锦同样适合由于身体状况进行小运动量、不适合剧烈运动的人群。

（2）传承中国传统体育文化。中国传统文化博大精深，我们要取其精华、去其糟粕，在创新体育运动的同时要保留传统文化的精髓，将其与现代生活相结合，从而传承下去。健身气功·八段锦就是国家体育总局在2003年组织北京体育大学专家及教授在保留传统八段锦的基础上，结合现代人的生活习惯和生活状态所编创出来的。

（3）能够弥补现代体育项目缺少的由内而外调理保健身体的作用。中医认为，现在的体育运动应该叫“健体”，而不是叫“健身”。现代体育运动所运动到的都是四肢和躯干的肌肉，其次是肺活量。但是我们锻炼不到也控制不了我们的平滑肌，比如胃、膀胱、大肠、小肠、血管等组织器官，由此我们的传统体育就来弥补这一空缺。

健身气功·八段锦具有养生保健效果，也可作为现代部分人民身体状况恢复阶段的过渡运动，是大病初愈及相关民众恢复到正常运动生活状态之前所接触的过渡运动。

6. 练习八段锦能干什么

八段锦对中老年人有养生保健的作用，练习时的动静结合、松紧交替、上下相随、内外相应，能够使全身的机体筋骨协调，有序地进行伸展与舒张活动，促进血液的循环，增加代谢能力，提高器官功能，把身体素质调整到一个最佳的有序状态。随着练习的时间增加，练习者的关节骨骼、心血管系统、消化系统、免疫能力都得到很大提高，从而达到延缓衰老、提高生活质量的目的。

7. 八段锦有哪几个动作

八段锦顾名思义有八个动作：①两手托天理三焦；②左右开弓似射雕；③调理脾胃须单举；④五劳七伤向后瞧；⑤摇头摆尾去心火；⑥两手攀足固肾腰；⑦攒拳怒目增气力；⑧背后七颠百病消。

8. 练八段锦需要注意什么

（1）松静自然。松静自然，是练功的基本要领，也是最根本的法则。松，是指精神与形体两方面的放松。这里的“自然”绝不能理解为“听其自然”“任其自然”，而是指“道法自然”。

（2）准确灵活。准确，主要是指练功时的姿势与方法要正确，合乎规格。灵活，是指习练时对动作幅度的大小、姿势的高低、用力的大小、习练的数量、意念的运用、呼吸的调整等，都要根据自身情况灵活掌握。

（3）练养相兼。练，是指形体运动、呼吸调整与心理调节有机结合的锻炼过程。养，是通过上述练习，身体出现的轻松舒适、呼吸柔和、意守绵绵的静养状态。

（4）循序渐进。只有经过一段时间和数量的习练，才会做到姿势逐渐工整，方法逐步准确，动作的连贯性与控制能力得到提高，对动作要领的体会不断加深。

9. 练习八段锦前要不要热身

需要热身。在练习整套健身气功·八段锦之前，要将身体的关节如肩关节、膝关节、踝关节等做一个简单的关节操进行预热，同时提高肌肉的温度和降低肌肉的黏滞性，保证运动的安全性。充分热身后，再进行正式练习。

10. 健身气功 ·八段锦和传统八段锦有何关联

现代的健身气功 ·八段锦沿用古代歌诀和图谱，继承了导引练形、保健脏腑健身养生思想，继承了八段锦歌诀、继承了八个固定图式，是对历史传统的继承，也是适应时代的新发展。

健身气功·八段锦在编创的过程中为了保留了传统八段锦的原貌，在此基础上为了把这八个动作连贯起来，形成一套完整的功法，又增加了起势、收势和动作间的过渡，健身气功·八段锦以健身为主要目的，增加了配乐，符合现代人的审美。由于健身气功·八段锦的八个动作各自有不同的生理功效，做这些动作时，习练者的心理、生理、呼吸节奏都在不断地发生变化。为了使之成为一套完整的功法，中间增加了承前启后作用的过渡，即站桩。健身气功·八段锦在习练次数上符合生理学上有氧运动的标准，时常设置为12 ~ 16 分钟，每一式动作强度一致。

11. 为何不将八段锦练成“八段操”

对于初学者而言，气功和操没有本质的区别，随着练习的深入，通过以下几点，可以逐步领会到八段锦和“八段操”的区别：首先要调身，调身指调节身体活动，练习八段锦时要始终保持后顶上领，立身中正，周身放松，意守丹田，目光内敛，神不外驰；二是要调息，调息是调整呼吸活动，在练习时，初学者保持自然呼吸，循序渐进，经常习练者要做到逆腹式呼吸，并遵循“起吸落呼，开吸合呼，松吸紧呼”的呼吸原则；三是要调心，是调节心理活动，调心是八段锦的中心环节，在练习时要将动作和意念协调配合，以达到最好的练习效果。调身、调息、调心协调配合，达到三调合一的境界，才是真正意义上的八段锦，而不是只有其表的“八段操”。

12. 八段锦是何时被国家认可的

2003年国家体育总局组织北京体育大学教授合作并在传统养生八段锦的功法基础上编创并推广的健身气功·八段锦，严格遵循人体运动的规律，符合人体发展的需要。

13. 八段锦是何时被民间认可的

八段锦在宋代开始，就已经在民间开始流传，到了明朝以后，八段锦的发展进入了一个新的高潮，在民间得到广泛传播。随着经济和科技发展、传统文化推陈出新、人民素质大大提升，在国家体育总局对八段锦的大力推广下，人们对体育的重视程度提高，对健身气功·八段锦的认可程度也在增加，截至 2016年年底，国内习练者总人数超过 436 万人，传播到全国 31个省市自治区乃至 56个国家和地区，境外习练者总人数超过 200 万人。

14. 八段锦收势为什么男左女右

收功叠掌放在丹田时，之所以男左掌在内、女右掌在内，主要是根据男女左右阴阳有所不同的原则而定的。《黄帝内经》

曰："阴阳者，天地之道也，万物之纲纪，变化之父母，生杀之本始，神明之府也，治病必求于本。"且指出"一阴一阳之谓道，偏阴偏阳之谓疾"。在具体的事物中，以天地而言，天为阳，地为阴；以人而言，男为阳，女为阴；以气血为论，气属阳，血属阴；以左右而论，左为阳，右为阴。按照中医理论来讲，男子以气为主，属阳，在左；女子以血为主，属阴，在右。故收功时，男左掌为阳在内，意为补气；女右掌为阴在内，意为补血。一是体现男子收功重在补气，女子重在补血，促进气血阴阳平衡；二是体现收功要注意阴阳二气交融并调和归元之意；三是体现《道德经》"万物负阴而抱阳，冲气以为和"这一重要养生思想。

15. 空腹可以练八段锦吗

一般来说，是不建议在空腹的情况下练习八段锦的。因为空腹时人体处于饥饿状态，血糖浓度较低，虽然八段锦的动作比较轻缓，但是同样会消耗一定的能量，空腹练习的话可能会出现血糖过低的症状。如果想要在早上进行八段锦的练习的话，那么建议喝一杯水，再稍微吃一些饼干面包等，为人体补充一定的能量以后，再进行锻炼。

16. 同样的运动量下练完八段锦，有的人暴汗有的人不出汗是正常的吗

正常的。八段锦是一种健身气功，通过肢体运动和气息调理，能活络经脉、打通气血、促进血液循环，在练完之后，身体都会发热，有出汗的情况很正常。而个人的体质不同，一些人也会出现大汗淋漓的情况，无须担心，练后进行少量多次补水。不出汗可能是因为还没达到自身的运动量，可以加大练习强度。

17. 为何习练健身气功·八段锦前不宜过饱或过饥

习练者在练功过程中，由于肢体做规律性的运动，体内的血液主要集中于运动器官，肠胃等消化系统相对处于抑制和缺血状

态，导致消化能力减弱，如果吃得过饱后练功，会使胃中的食物不完全消化，积于肠胃，导致消化不良，影响健康；如果太过饥饿时练功，会导致肝糖原储备不足，血糖被大量消耗，造成低血糖，此时容易眼前发黑、头晕、心悸等，增加人体疲劳感。正确练功应该是在饭后一个小时后进行。

18. 练习健身气功·八段锦会不会出偏

“出偏”是指人的机体在生理和心理上出现较为严重的功能紊乱。造成的原因主要是出在呼吸与意念上，也就是人们常说的“走火”与“入魔”。健身气功·八段锦是以肢体运动为主的导引术，其方法简单易行，练习中大脑始终处于觉醒状态，对呼吸和意念的要求不像静功和有些动功要求那么高。只要按健身气功·八段锦书中习练要领去做，不可能会出偏。但在练习中，个别初学者有出现过头晕、恶心、手足麻木、心悸气短等现象。这多与体质虚弱、没有休息好和身体不舒服坚持练习，或过于认真而出现紧张有关。只要暂时停止练习，稍加休息症状即可消失。

19. 八段锦与中医有什么关联

八段锦与中医深有渊源，在其歌诀中就有所体现，如“理三焦”“五劳七伤”“去心火”。八段锦属于传统导引，导引是中医《黄帝内经》中的六大医术之一，是在中医理论指导下，将肢体运动、呼吸吐纳和精神调节相结合的健身方法，具有强身健体、防病治病、调畅情志、延年益寿的作用。因此，无论中医学的古典还是现代的中医养生方法，都无法将其割裂，它们已相互渗透、相互促进、相互融合。

20. 八段锦和太极拳的异同

（1）异：首先从名称上就能看出两者的不同。其次八段锦和太极拳的拳种不同，练习的动作不同。八段锦有八段，讲究形与神合、气蕴其中、质朴端庄、行易效宏、松紧结合、动静相兼、舒展柔和、圆活连贯；太极拳种类繁多，传统太极拳有陈、杨、吴、武、孙五大流派，也有国家规定套路二十四式太极拳、四十二式太极拳等，讲究中正安舒、轻灵圆活、松柔慢匀、开合有序、刚柔相济，动如“行云流水，连绵不断”。

起源意义不同。八段锦起源自“健身养生”的意义，不含技击性；太极拳起源具有技击防身的意义。

两者锻炼生理意义有差异。对上肢：太极拳的沉肩坠肘促进血液的流通循环和肌肉纤维的发展，能提高从肩部、肘关节到手腕、指关节的柔韧性；八段锦一般是对手臂肌肉纤维的牵拉加大了肌纤维的发展，使肌肉更有弹性，能提高腕关节的灵活性。对下肢：太极拳练习过程中膝盖一直微屈，提高膝关节韧带的韧性和稳固性，有助于增强下肢的协调性、平衡性、灵活性、关节柔韧与弹性；八段锦很大程度上能够提高下肢的力量和稳定性。对神经系统：太极拳对小脑起间接训练作用，提高身体平衡力；八段锦使练习者颈椎和腰椎得到有效锻炼。

（2）同：八段锦与太极拳的发展所要达到的效果、收获与目标是相同的。有健康、乐趣等，关键在于您想要从中获得什么。它们都是中华民族宝贵的文化财富；它们都是中国传统养生运动方式；它们都是中国传统养生文化的产物；都继承了中国传统文化，而又通过不同方式使人们达到健身效果，是古代导引养生术在现代的另一种体现方式；它们都具备强身健体的效果；它们都讲究阴阳平衡；它们都是一种形动于外、心静于内的运动，使心交感神经处于抑制状态，从而促进心迷走神经的兴奋，缓解大脑的紧张，使大脑处于休息状态，进一步改善中枢神经系统功能；促进血液和淋巴的循环，减少心脏的消耗，提高心脏功能；调节人体内分泌系统，缓解紧张和焦虑情绪，调整全身代谢活动，增强体质。

21. 八段锦的招式具有杀伤力或杀伤性吗

八段锦其招式设计初衷就是以健身养生为目的，它的主要功效包括拉伸筋骨、疏通经络、防病治病。通过八段锦的锻炼达到修养身心、健身健心的目的，其招式讲究柔和缓慢，没有技击性和致命性攻击性动作，不具备杀伤力和杀伤性招式。

22. 为什么国外没有先出现类似健身气功·八段锦这样的养生功法

健身气功·八段锦是东方独有的文化产物，是中国传统文化的载体，是中国五千年文化的独特体现，是五千年来中国人民世世代代对中国运动所作出独特的贡献，是经过无数次取其精华、去其糟粕流传下来的智慧的结晶。

23. 什么时候八段锦才能真正走出国门，走向世界，造福全人类

随着中国文化在全球影响力的日益提升，八段锦早已走出国门，走向世界，成为中国文化的一张名片。健身气功源于中国，属于世界。从 2006年开始，健身气功中心已累计组派 200 多个团组、900 多人次、赴5大洲近50个国家和地区开展表演展示、教学培训、交流比赛、科学论坛等系列交流活动，境外习练人群达200多万。2012年推动成立的国际健身气功联合会，已拥有54个国家和地区的105个会员协会。十多年来，通过主动走出去、积极引进来等方式，健身气功的国际影响力越来越大，为增进世界

民众身心健康和提高中国文化国际话语权作出了积极贡献，被中央有关部门誉为境外推广中国传统文化的一支轻骑兵。2019年新冠疫情暴发，八段锦作为宅家健身和进入方舱医院后的锻炼方法之一，为全民健身及健康作出了贡献。

第二章

八段锦功理作用

本章主要内容是对八段锦功理作用的解答。为读者解答八段锦每一式所对应的功理功效和作用是什么。使习练者明白每一式的功理作用，有效提高习练者的机体健康。

1. 八段锦的预备式和收势有什么作用

八段锦的预备式可使习练者身形端正，呼吸缓和均匀，神态自然，精神内敛，心平气和，启动气机，培育元气，使习练者进入练功状态；八段锦收式的作用是使气息回归，引气归元，感觉身心宁静，进一步巩固练功效果，并逐步恢复到练功前的状态。

2. “两手托天理三焦”的功理作用是什么

（1）本式通过四肢、躯干的伸展抻拉，并配合调息，有利于元气、水液在全身的布散与气机的升降。可调理三焦，畅通任、督二脉和手足三阴三阳经及脊柱相应节段；同时，可扩张胸廓，使腹腔、盆腔脏器受到牵拉、按摩，促进气血运行，提高脏腑机能。

（2）对防治肩部疾患，预防颈椎病有良好作用。

3.“左右开弓似射雕”的功理作用是什么

（1）左右开弓时，利于扩大胸腔，增大肺通气量、回心血量和打开上焦；通过八字掌坐腕翘指、龙爪置于肩前云门处，可有效刺激手太阴肺经、手阳明大肠经，对于改善微循环、增大肺活量、提高心肺功能及指关节灵活性具有促进作用。

（2）下蹲成马步时，可加强股四头肌、小腿后侧肌群等肌肉收缩，能有效发展下肢力量，促进血液回流。

（3）扩胸展肩、转头，可加强颈椎、胸椎的运动，纠正局部小关节的异常位置，调节颈、肩、胸、背部肌肉平衡，有利于矫正驼背等不良体态，防治颈椎病、肩周炎等疾患。

4.“调理脾胃须单举”的功理作用是什么

（1）上举下按成定式时，脚的大拇指有意下压，可刺激足太阴脾经的隐白等穴位；抻拉、挤压两胁与中脘，可刺激足太阴脾经的大包穴和章门穴以及背部的脾俞、胃俞等，促进胃、肠蠕动，还可以调节脊柱两侧肌肉、韧带的张力和刺激内脏神经，对提升五脏六腑尤其是脾胃的功能有促进作用。

（2）两手上托下按的过程中，利于脾的升清功能和胃的降浊功能，改善人体消化、吸收能力。

（3）两掌上下对拉，使脊柱两侧肌肉向相反方向用力，椎体两侧形成上下相对运动，增强了脊柱的灵活性与稳定性，利于防治颈、肩疾病等。

5.“五劳七伤往后瞧”的功理作用是什么

（1）两臂外旋、展肩扩胸动作，有利于打开手三阴经和任脉，挤压手三阳经和督脉；两臂内旋时，肩胛微开、命门后凸动作，则有利于打开手三阳经和督脉，挤压手三阴经和任脉，并刺激背部腧穴、夹脊等穴位。这种阴阳经交替开合，能发动全身经络气机、协调一身阴阳、调节五脏六腑功能。

（2）转头后瞧时，可刺激颈部大椎穴，牵拉两侧颈动脉，改善脑部供血，增强颈、项、背部肌肉力量，缓解视觉疲劳和防治老年痴呆、颈椎疾病等。

6.“摇头摆尾去心火”的功理作用是什么

（1）摇头摆尾可提升阳气、通经泄热、平衡阴阳、畅通任督二脉、调理脏腑、滋阴补肾，使肾水上济，促进心肾相交。同时，牵动脊髓和马尾神经，改善内脏神经功能，有助于提升卵巢、子宫、前列腺、膀胱等脏器的功能。

（2）脊柱的回环旋转，加之头、尾的牵拉转动和提肛收腹与膈肌的下降，对脊柱有很好的保健作用。同时，腹腔脏器得到挤压、按摩，促进了中焦、下焦的消化、排泄及运化功能。

（3）下蹲马步、左右移动重心，能活动髋关节，改善局部血液循环，可防治股骨头坏死等疾病，并能发展下肢力量，提高身体的稳定性。

7.“两手攀足固肾腰”的功理作用是什么

（1）脊柱的前屈与背伸运动，能增强脊柱相关肌肉力量，提升脊柱的稳定性、柔韧性和延展性，可有效防治颈椎、腰椎部疾病。

（2）两掌摩运与俯身攀足，可循经按摩、牵拉膀胱经，刺激督脉和命门、肾上腺、肾俞等穴，加之起身时能有效牵拉足少阴肾经，可取得充盈经气、固肾壮腰的效果。

8.“攒拳怒目增气力”的功理作用是什么

（1）通过怒目圆睁、摩运两肋、强力抓握、脚趾抓地、马步下蹲等动作，使全身肌肉、筋脉受到静力牵拉，刺激了手三阴、三阳经的原穴和足三阴、三阳经的井穴，加强了肝的藏血、疏泄功能，具有强筋壮骨、增强气力的作用。

（2）冲拳时，通过保持髋关节和头部不动，加强了脊柱的左右拧转，利于提升脊柱的旋转幅度和灵活性，对调节脊柱小关节位置、维护脊柱健康有促进作用。

9.“背后七颠百病消”的功理作用是什么

（1）通过拉伸脊柱、回落震动，可挤压椎间盘、震动脊髓、调整脊柱小关节位置，加之收腹提肛和膈肌升降，强化了对内脏器官的挤压震动，具有促使内脏、关节复位以及解除全身关节和肌肉紧张的作用。

（2）脚趾抓地和提踵，能刺激足三阴三阳经脉，发展小腿后群肌肉力量，提升人体平衡能力。

第三章

八段锦经络及穴位

本章主要内容是对八段锦经络及穴位的解答。为读者解答八段锦每一式所对应的经络和穴位是什么，使习练者明白每一式所作用的功能及作用。

1.“两手托天理三焦”所作用的经络、穴位有哪些

主要作用“三焦”，主要疏通的是任脉、督脉、足太阳膀胱经、足少阳胆经、手厥阴心包经、手少阳三焦经（图3-1）等经络。可刺激这些经络所经过的穴位。

“两手托天理三焦”的“三焦”分上焦、中焦、下焦。上焦：膈以上包括心肺。主宣发卫气，布散水谷和津液，发挥营养和滋润全身的作用。中焦：膈以下脐以上，包括脾胃。主消化、吸收并输布水谷和津液，运化气血。下焦：脐以下。包括小肠、大肠、肝、肾、膀胱等，主排泄作用。两手交叉上举托天，可较大限度增加胸廓容积，使肺吸气量和静脉回心血量增加，而且细、匀、深、长的腹式呼吸方式还可以加快血液回流，促进血液循环，促进三焦运行。

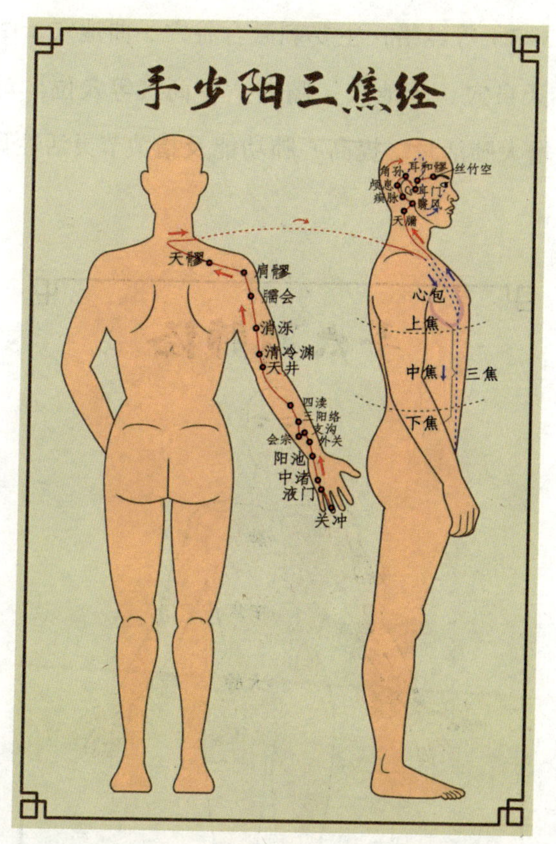

图 3–1　三焦及手少阳三焦经

2.“左右开弓似射雕”所作用的经络、穴位有哪些

“左右开弓似射雕”：通过八字掌坐腕食指上翘、龙爪置于肩前云门处，可有效刺激手太阴肺经（图3-2）和手阳明大

肠经（图3-3）等经络；主要刺激合谷穴、曲池穴、中冲穴、太渊穴、天泉穴、天池穴、腧穴、少商穴等穴位。对于改善微循环、增大肺活量、提高心肺功能及指关节灵活性具有促进作用。

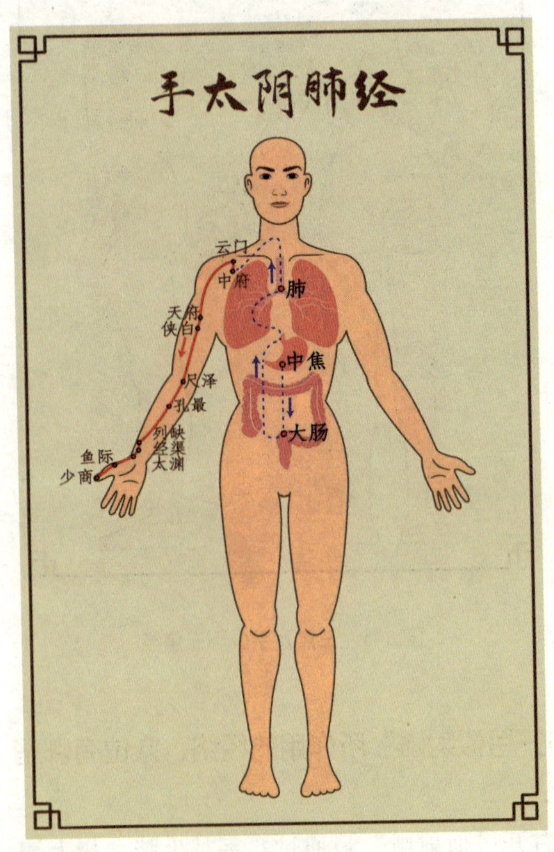

图3-2　手太阴肺经

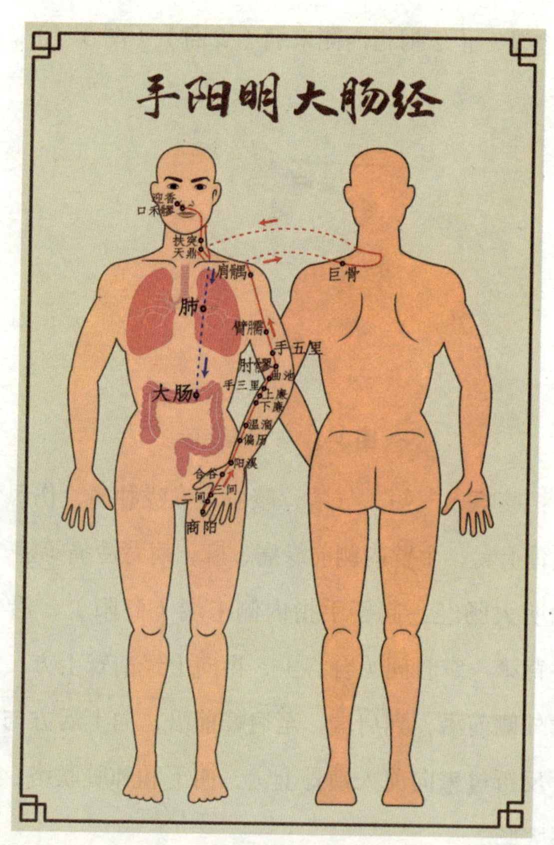

图3-3 手阳明大肠经

手太阴肺经：起于中焦（胃部、中脘），向下与大肠联络，又从大肠回绕到胃上口，沿胃上口向上穿过横隔，入属肺脏，再从肺脏到喉咙部，又横出走到腋窝下面，沿上臂内侧，向下经肘窝，沿前臂内侧桡骨前缘，到腕后（寸口），从寸口到大鱼际，沿大鱼际边缘，止于拇指内侧末端（少商）（图 3–4）。

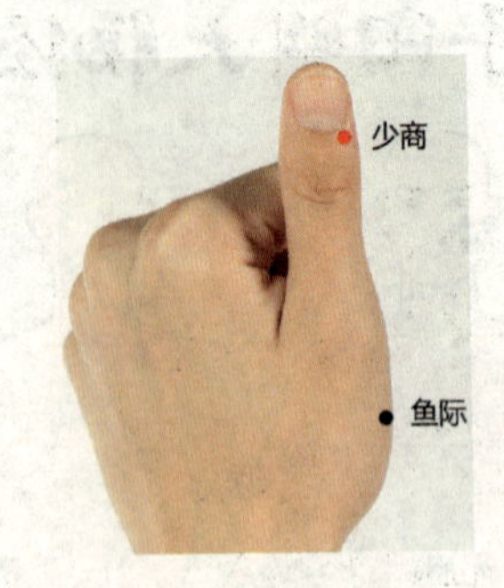

图 3–4　少商与鱼际

主治：咳嗽，气短，气喘，咳血，喉咙肿痛，伤风，胸部胀满以及锁骨上窝，手臂内侧前缘痛、麻，肩背冷痛等症。

手阳明大肠经：起于手指内侧末端（商阳），沿食指横侧向上经手背第一掌骨间（合谷），再向上经前臂上方，过肘部外侧，上臂外侧前沿，到肩端，至肩峰前沿，向上后方与督脉的大椎交会，反折过来向前入锁骨上窝，向下和肺脏联络，又通过横隔，统属大肠。

主治：腹痛，泄泻，痢疾，咽喉肿痛，牙痛，鼻流清涕，鼻出血，肩前痛，食指痛，发热或寒冷等症。

3. “调理脾胃须单举”所作用的经络、穴位有哪些

“调理脾胃须单举”：可刺激足太阴脾经的隐白等穴位；抻

拉、挤压两肋与中脘，可刺激足太阴脾经（图3–5）的大包穴和背部的脾俞、胃俞等，促进胃、肠蠕动，还可以调节脊柱两侧肌肉、韧带的张力和刺激内脏神经，对提升五脏六腑尤其是脾胃的功能有促进作用。

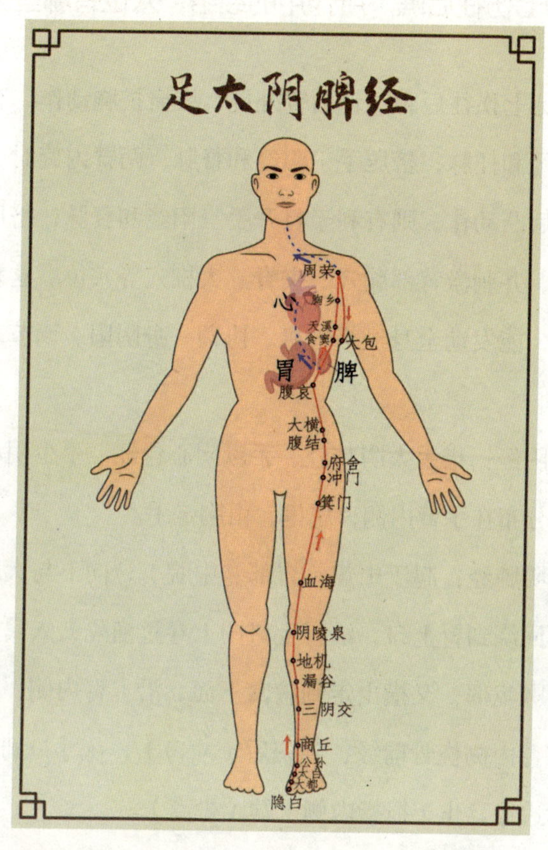

图 3–5　足太阴脾经

足太阴脾经：起于足大趾末端，后从胃部旁出支脉，通过膈肌，流注心中，接手少阴心经。

主治：腹胀、便溏、下痢、胃脘痛、嗳气、身重无力等。

4. “五劳七伤往后瞧”所作用的经络、穴位有哪些

“五劳七伤往后瞧”：两臂外旋、展肩扩胸动作，有利于打开手三阴经和任脉，挤压手三阳经和督脉；两臂内旋时，肩胛微开、命门后凸动作，则有利于打开手三阳经和督脉，挤压手三阴经和任脉，并刺激背部腧穴、夹脊、大椎穴等穴位。这种阴阳经交替开合，能发动全身经络气机、协调一身阴阳、调节五脏六腑功能。

手三阴经：指手太阴肺经、手厥阴心包经、手少阴心经，这三条经络分布在手臂内侧，属里，由胸走手。

手太阴肺经：起于中焦（胃部、中脘），向下与大肠联络，又从大肠回绕到胃上口，沿胃上口向上穿过横隔，入属肺脏，再从肺脏到喉咙部，又横出走到腋窝下面，沿上臂内侧，向下经肘窝，沿前臂内侧桡骨前缘，到腕后（寸口），从寸口到大鱼际，沿大鱼际边缘，止于拇指内侧末端（少商）。

手厥阴心包经（图3–6）：起于胸中，出属心包络，向下穿

过膈肌，络于上、中、下三焦。其分支从胸中分出，出胁部当腋下3寸处天池穴，向上至腋窝下，沿上肢内侧中线入肘，过腕部，入掌中，沿中指桡侧至末端中冲穴。另一分支从掌中分出，沿无名指尺侧端行，经气于关冲穴与手少阳三焦经相接。

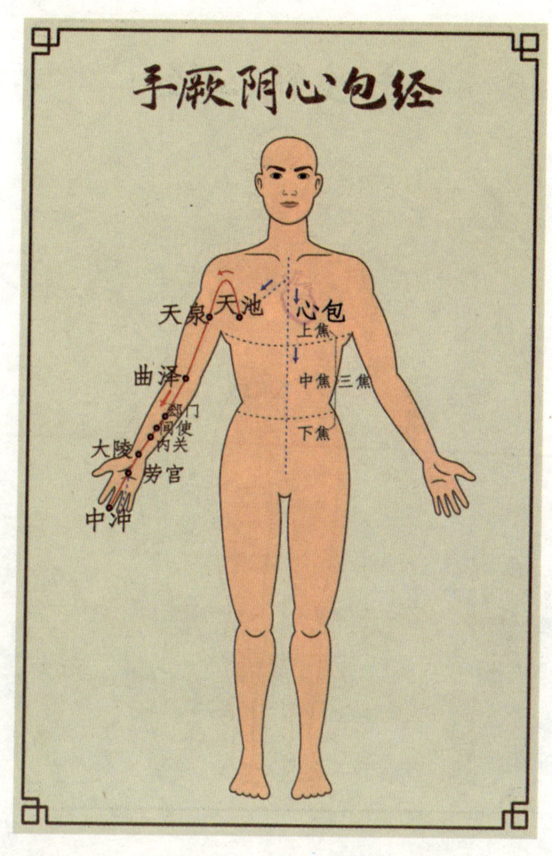

图3–6　手厥阴心包经

手少阴心经（图3–7）：心手少阴之脉，起于心中，出属心系下膈，络小肠。分支：从心系分出，挟食道上行，连于目系（目与脑相连的脉络）。直行者：从心系出来，退回上行经过肺，向下浅出腋下（极泉穴），沿上肢内侧后缘，过肘中，

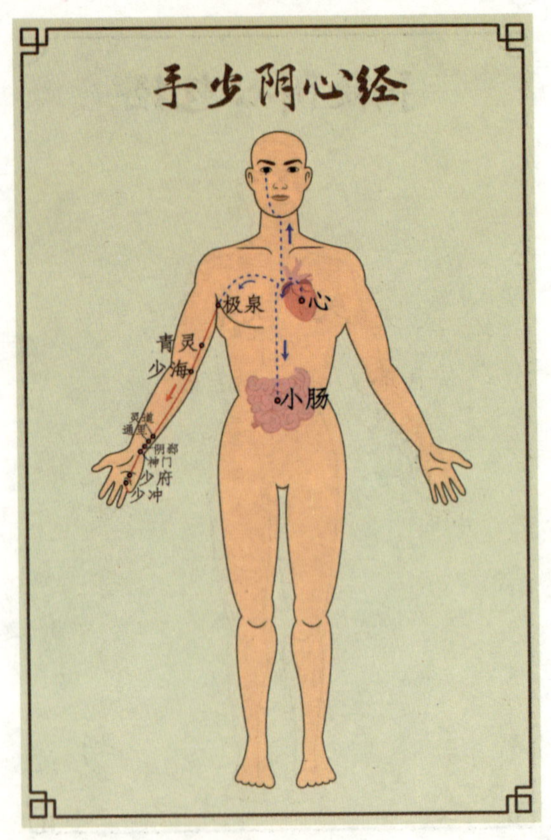

图3–7　手少阴心经

经掌后锐骨端，进入掌中，沿小指桡侧，出小指桡侧端（少冲穴），交于手太阳小肠经（图3–8）。

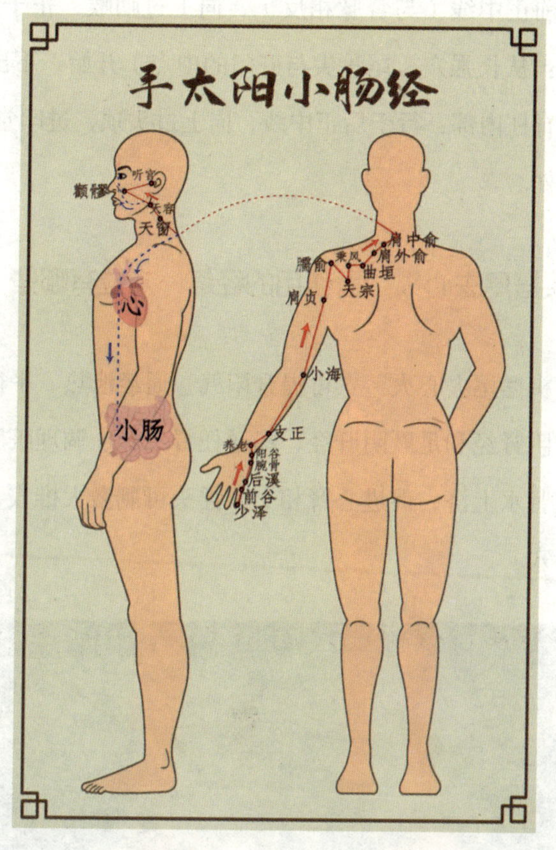

图3–8　手太阳小肠经

手三阳经：手阳明大肠经起于商阳，止于迎香；手少阳三焦经起于关冲，止于丝竹空；手太阳小肠经起于少泽，止于听宫。

任脉：起于小腹内，下出会阴穴（男阴囊根部与肛门的中点，女在大阴唇后联合与肛门的中点），向前、向上，过肚脐行于人体的前正中线（与督脉相反），向上过咽喉，止于舌下。

督脉：从长强穴（尾骨尖与肛门的中点）开始，下出会阴，向后行于脊柱内部，行于后正中线，向上过头顶，过印堂，止于上唇系带处。

5. “摇头摆尾去心火”所作用的经络、穴位有哪些

“摇头摆尾去心火”：可提升阳气、通经泄热、平衡阴阳、刺激足少阴肾经和足厥阴肝经、畅通任督二脉、调理脏腑、滋阴补肾，使肾水上济，促进心肾相交。摇头可刺激大椎穴，摆尾可刺激命门穴。

6. “两手攀足固肾腰”所作用的经络、穴位有哪些

“两手攀足固肾腰”：两掌摩运与俯身攀足，可循经按摩、牵拉膀胱经，刺激督脉、带脉和命门、肾上腺、肾俞等穴，刺激承山穴、合阳穴等穴位。加之起身时能有效牵拉足少阴肾经（图3-9），可取得充盈经气、固肾壮腰的效果。

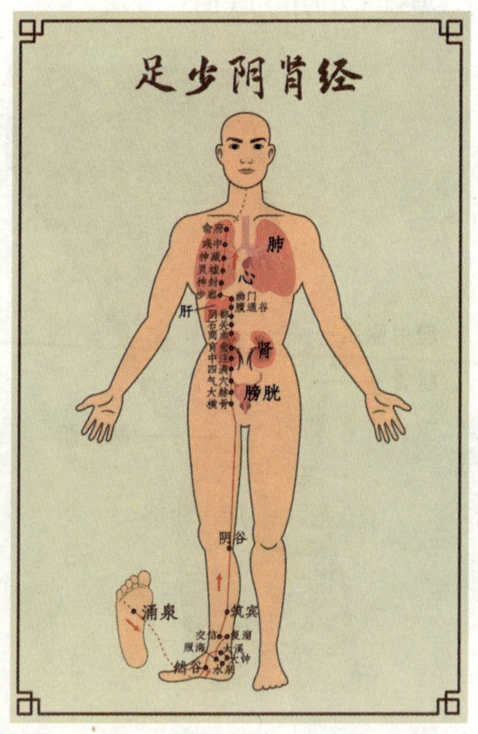

图 3-9　足少阴肾经

7. “攒拳怒目增气力”所作用的经络、穴位有哪些

“攒拳怒目增气力”：通过怒目圆睁、摩运两胁、强力抓握、脚趾抓地、马步下蹲等动作，使全身肌肉、筋脉受到静力牵拉，刺激了手三阴、三阳经的原穴和足三阴、三阳经的井穴，加强了肝的藏血、疏泄功能，刺激血海、箕门穴、章门穴等穴位，具有强筋壮骨、增强气力的作用（图3–10）。

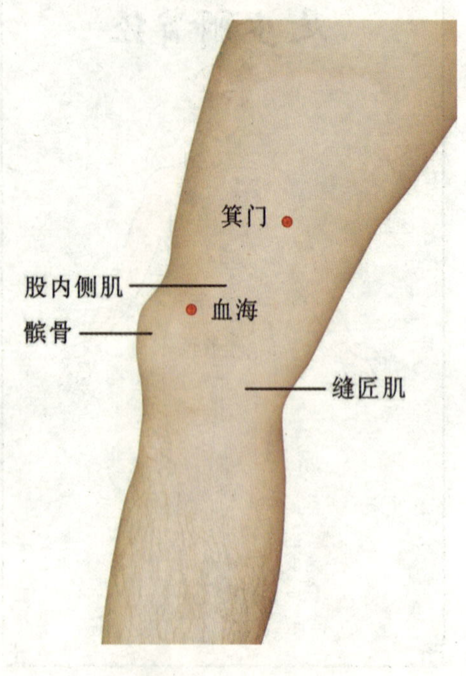

图 3–10　箕门和血海

8. “背后七颠百病消”所作用的经络、穴位有哪些

“背后七颠百病消”：此动作可改善腰背肌肉、关节，促进周身脏腑的气血运行，促进机体阴阳调和，改善身体机能。脚趾抓地和提踵，能刺激足三阴三阳经脉，刺激涌泉穴、厉兑穴、冲阳穴、解溪穴等穴位（图3–11）。

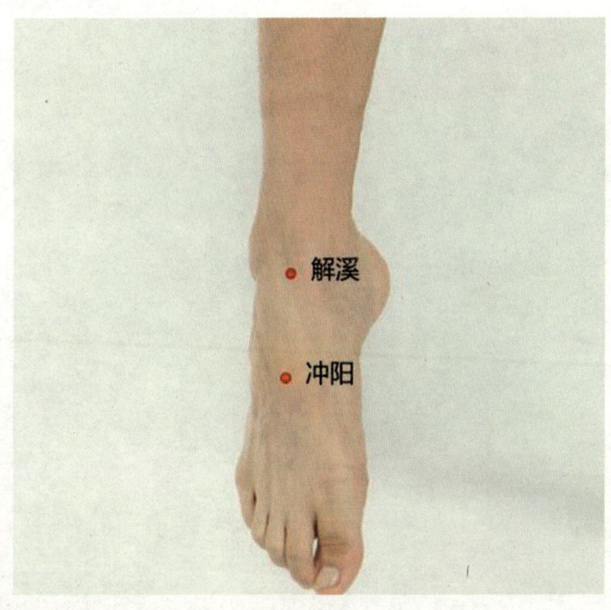

图 3–11　冲阳穴和解溪穴

第四章 八段锦动作要求

本章主要内容是对八段锦动作要求的解答。为读者解答八段锦每一式的动作规格和要求是什么，使习练者在做动作过程中对动作的把控更加细致和准确，从而在防止由于错误练习而导致的运动损伤的同时，达到最佳的练习效果。

1. 练习时动作规格如何做到准确

准确，是指学练中要做到方法清楚、动作规范、姿势工整。要达到这一要求，首先要从基本的基础练习开始，抓住基本身型、手型、步型，反复练习提高，直至达到规格要求。练功俗语讲："行家一出手，便知有没有。"为何有的人练功多年，可还是拳握不平、马步跪着腿、身型不正，主要原因便是缺乏基本功练习，日常只注重学习套路，缺乏实实在在的练功，这样就很难提高技术，基本是长期处于低水平循环，习练者应该引以为戒。在学功法动作时，应先求方，后求圆，特别是要注意三个要素，即点、线、形。学练时动作的起止点、方位角度要到位，路线方法要清楚，动作造型要工整。此时，应以功法中的定式动作站桩，拿拿劲儿，提捏架子，找找关节肌肉和身体各部位的感觉。对于功法中的重点和难点动作，要抽出时间来单独加强练习，才能有效提高动作质量。要切实在动作规格上下功夫，做到上体中正，下肢稳定，步型步法、手型手法清晰，动作准确工整。

2. 练习八段锦需要很用力吗

练八段锦的过程中，有需要用力的过程，也有不需要用力的过程，建议参考国家体育总局发布的健身气功·八段锦中的要领介绍。在练习八段锦时，要把握好“松紧结合”和“动静相兼”的风格特点。放松是练功的前提，不仅限于肌肉、关节的放松，而且要求中枢神经系统、内脏器官都要放松，达到呼吸柔和、心静体松、松而不懈的状态；紧，是指练习中适当用

力，且缓慢进行，体现在前一动作的结束与下一动作的开始之前，紧在动作中只是一瞬，而放松则贯穿动作的始终。“动”是在意念引导下，使动作轻灵活泼、节节贯穿、舒适自然；“静”是指练习中，在动作的分节处做到沉稳，缓慢用力，内劲没有停，肌肉继续用力，保持牵引伸拉。最后要注意，用力要适度，避免过犹不及。

3. 练习八段锦的过程中已明白要求，但是动作细节总是掌握不好该怎么办

练习八段锦一定要循序渐进，戒骄戒躁。任何功法的掌握与精进都是一个积累的过程，不可能一步登天，在此努力与坚持的过程中练习者将会收获远超于功法本身所带来的益处。所以练习八段锦，首先要保证动作的完整性，掌握好每一式动作要领，即熟练每一式动作的路线、方向、节分点，搭好整体完整框架；进而把握动作的发力顺序，使呼吸配合动作的升降开合。继而，逐渐降低意识对动作的调控，即动作习练达到自动化，虚实分明，轻灵含蓄，收放自如。功法动作自动化阶段是一个练好动作细节的体现，但功法练习是一个持久的过程，需要我们的耐心、细心、恒心，长此以往重复练习，同时在练习过程中要增加一些

对自己的反馈，如在练习动作时照着镜子，边练边纠正自己细节上的问题，或者在练习过程中进行录像，练后反复观看，查找问题，再或者寻求老师、功友进行指点，这样才能有效提升练习八段锦过程当中对动作细节的掌握。

4. 八段锦中左右脚开立距离有要求吗？马步动作时左右脚的距离有标准吗

健身气功·八段锦中左右脚开立距离要求是：脚内侧与肩外侧同宽。马步动作时左右脚的距离因人而异，通常计算马步距离的方法是：并步站立，屈膝下蹲至重心稳定且上体保持中正的情况下，侧开一步，脚尖点地的位置与另一只脚的距离，就是马步的宽度，下肢力量越好，开得越宽，注意在练习过程中，不能强求，要循序渐进。

5. 八段锦练习速度有要求吗

练习速度没有要求，根据自身的情况来。刚开始练习的时候，配乐练习更容易坚持，根据配乐的节律来找自己的节律，之后慢慢寻求自己的速度和节奏。按照正确的方法练习一次八段锦的时间是10～15分钟，但要注意的是不要为了寻求次数而忽略了质量，加快做八段锦的速度。因为八段锦最为讲究的就是自然、放松、动作静慢、呼吸柔和，轻松静养，一呼一吸，一动一静都是根据人体最适宜的体态和功效而设计出来的，而快的话则达不到最好的锻炼效果。

6. 马步蹲不下去怎么办

先高姿势练，初期根据自身情况膝盖稍屈即可，经过一段时间对腿部肌肉的刺激，腿部肌肉力量不断提高，再尝试重心下降，以腿部有感觉为宜。

7. 站桩动作姿势不明确，身体抖动摇晃如何处理

健身气功·八段锦主要站桩方式为抱球桩，此抱球桩为健身气功·八段锦预备式动作中的一部分。可调身、换劲、卸掉全身拙力；可调息、升清降浊、养丹田之气；可调心、放松入静、养心安神。承前启后，为下一式动作练习做准备。

站桩时身体摇晃有以下几种可能：

动作姿势掌握不正确，导致肢体动作或连接过渡不协调，进而导致站桩时身体抖动摇晃。

练习者下肢肌肉力量不足，对自己姿势动作要求过高，练习

运动量超过自身自然负荷，导致站桩时身体抖动摇晃。

八段锦预备式动作要点：

动作一：两脚并步站立；后顶上领，颈部竖直，齿唇轻闭，舌尖轻贴上腭，眉宇间和嘴角放松；两臂自然垂于体侧，沉肩垂肘，松腕舒指，中指腹轻贴裤线；腋下虚掩，胸部自然舒展，腹部放松；目视前方。

动作二：随着松腰沉髋，身体重心移至右腿，左脚向左侧开步，约与肩同宽，脚尖朝前，继而重心平移至两腿之间；目视前方。

动作三：两臂内旋，两掌分别向两侧摆起，手臂与身体的角度约 45°，掌心朝后；目视前方。

动作四：上动不停，身体重心垂直下降，两腿膝关节弯曲；同时，两臂外旋，两掌向前合抱至斜前方45°后，再屈肘、屈腕成抱球状，掌心朝内，与脐同高，两掌指尖相对，间距 10～20 厘米；目视前方。

抱球桩要求（站桩要求）：两脚开步站立，脚内侧与肩同宽，脚尖朝前；两臂内旋摆至体侧约 45°，继而外旋，两掌向前环抱，与脐同高（或在脐乳之间），掌心朝内，指尖相对，间距 10～20 厘米；同时屈膝，垂直下蹲，膝盖不超过脚尖；目视前方或垂帘（图 4–1）。

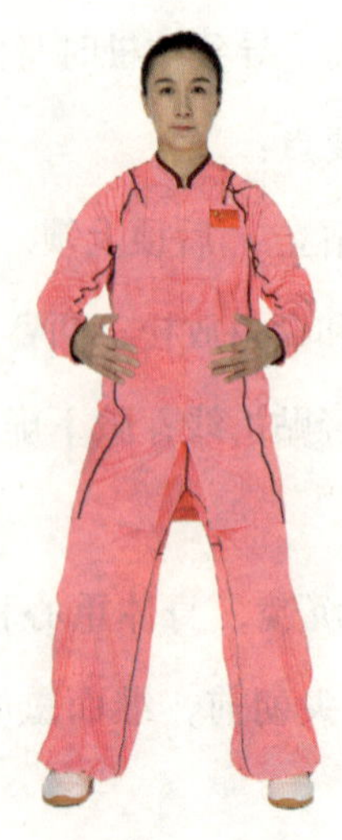

图 4–1　抱球桩

站桩要循序渐进，先掌握正确基本动作再熟练掌握。站桩分为三个阶段。第一阶段是收心，表现为从日常生活状态中解脱出来，排除心中一切干扰。第二阶段是静心，这时动作停止、全身放松，呼吸缓慢、均匀、柔和、内心平静、杂念不生。第三阶段是入境，调整心理进入下一心理状态。需要注意的是，抱球桩不能闭眼，而应当垂帘（垂帘指眼睛半视不全开，既不全睁又不全拢。眼睛睁得太大，外界有什么动静，就容易影响心境，会打乱入静的状态。而眼睛完全闭死，意识杂乱的时候又容易出现种种幻觉，也不利于入境）。在抱球桩过程中，膝盖不超过脚尖即可，不要求姿势过低以此来达到“练功”程度。做抱球桩动作不能“忍”，即当身体达到自身自然负荷时，身体出现抖动晃动不舒服时，应当站起来休息一下，不用“刻苦练功”。因为站桩是一个长久持续性的练习，重在讲究“养生健身”，练习者达到自身自然负荷即动作对应部位酸麻胀热即可，不主张刻苦练功。

8. 蹲马步姿势，是架子高好还是低点好呢

马步要求：开步站立，两脚间距约为本人脚长的3倍，脚尖朝前两腿屈膝半蹲，大腿略高于水平，膝盖不超过脚尖；上体保持中正，目视前方。

蹲马步的目的：从生理学角度来说，持续练习蹲马步能逐渐增加练习者下肢肌肉纤维的直径，提高下肢肌肉力量，增强膝关节韧带的力量和柔韧性。

蹲马步架子的高低与练习者下肢力量和身体素质有关，架子高对下肢肌肉纤维刺激较小，反之较大。如果练习者下肢力量较为强健，想持续提高下肢肌肉力量，架子的高度要比日常练习时稍低，承受并坚持一段时间，随着坚持时间的增长，肌肉力量会相对增长。但是健身气功·八段锦功法的初衷就是为了大众“健身养生”，促进大众身体健康发展，练功以不伤为本。我们在练习的同时要关注自己的身体变化，不能盲目练功，违背自己锻炼的初衷。在不了解自己身体素质的情况下盲目蹲架子，极易造成

自己的身体损伤，得不偿失。所以建议大家，刚开始练习八段锦时，蹲架子不要强求过低，这是一个逐渐适应与增长力量的过程，只要自我身体下蹲以后感到有发力、酸胀即可。

9. 练八段锦脚尖是外八还是朝前？是不是只要膝盖朝向脚尖就可以了

健身气功·八段锦讲究不偏不倚，中正安舒，因此要求两脚平行站立，脚尖朝前，不可八字脚；当屈膝下蹲时膝尖垂线不能超过脚面，成马步时膝尖垂线不能超过脚尖。膝关节的弯曲度等于踝关节的弯曲度与髋关节的弯曲度的和，开始练习时为了降低下蹲或马步的重心，有些踝关节过度弯曲，有些凸臀以折髋，前者容易导致膝关节受伤，后者导致髋部僵硬，上下脱节。

10. 练习八段锦需要练习桩功吗

需要练习桩功。站桩，是指人体保持一定的站立姿势，借助内向性的意念运用，加强脏腑、气血、筋骨等功能。八段锦整套功法都是以桩功来体现的，“始于桩，行于桩，止于桩”。八段锦的桩功主要包括无极桩、抱球桩、扶按桩。八段锦的每个主体动作，如“两手托天理三焦”中上托的动作，也可作为桩功来练习。俗话说“要知拳真髓，首由站桩起”，站桩不仅是八段锦的基本功，而且是迈向练功高层次的重要方法和途径。

11. 练习八段锦为什么不能闭眼

练习八段锦包括在站桩时，不能闭眼，因为闭眼练习会使大脑混沌，身体失控，甚至精神上容易出现偏差。八段锦以桩功为主，同时伴随一些重心转换的动作，在练习时闭眼不闭眼，对我们姿势的平衡控制能力是不同的，闭眼练习容易使人体平衡失控，造成跌倒、摔伤事故。练习八段锦要由形入道，控制自我，诱导感觉，而不是跟着感觉走，闭上眼睛练习容易被感觉所控制，一旦大脑失去自我控制的能力，就有可能出现精神上不正常的反应和状态，这时不加以调整和控制，很难保证不会出现练功出偏的可能，即俗话讲的“走火入魔”。因此，正确的做法是“垂帘”，既不怒目圆睁，也不闭眼，做到目光内敛，神不外驰，眼前留有一丝光线，与外界要有一定的光感联系，做“睁眼的瞎子”，视而不见。

12. 八段锦动作是以柔为主？还是以刚为主？还是刚柔并济

刚柔并济。

八段锦的功法特点主要体现在以下几个方面。

柔和缓慢、圆活连贯。八段锦练习时身体重心平稳，虚实分明，轻飘徐缓；练功动作轻松自如，舒展大方，路线带有弧形，不直来直往，符合人体各关节自然弯曲的状态，一招一式的变化和姿势的衔接连续流畅，无停顿断续之处。

松紧结合，动静相兼。八段锦功法练习时，肌肉、关节以及中枢神经系统、内脏器官放松而不松懈，在动作的衔接上用力适当，缓慢进行。习练者在意念的引导下，动作轻灵，舒适自然，在动作的节分处做到沉稳，并保持肌肉的牵引伸拉。

神与形合、气寓其中。八段锦功法每式动作以及动作之间充满了对称与和谐，体现出内实精神、外示安逸，虚实相生、刚柔相济，做到意动形随、神形兼备。此功法通过精神的修养和形体的锻炼，促进真气在体内的运行，以到达强身健体的功效。

13. “两手托天理三焦”此式动作，头回正，手的动作是什么

下颌微收，头回正，两掌继续上托，肘关节伸直，大臂夹耳，收腹提肛，脚趾抓地，闭气，动作略停，两臂保持抻拉两秒；目视前方（图4–2）。

图 4–2　两手托天理三焦（动作一）

身体重心缓慢下降，两腿膝关节弯曲；同时，十指慢慢分开，两臂分别向身体两侧下落至斜下方45° 时再屈肘，两掌捧于腹前，掌心朝上，掌指相距约10厘米；目视前方（图4–3）。

图 4–3　两手托天理三焦（动作二）

14. 八段锦的“两手托天理三焦”，为什么上托的时候是双手交叉

“两手托天理三焦”的版本众多，有相搭的，有分开的，也有交叉的，双手十指交叉上托同时脚趾抓地能够起到固定两端的作用，使身体更好地上下对拔拉长，节节抻开，更能达到通

畅三焦气机，刺激肩颈穴位及经络的目的，缓解肩颈不适（图4–4）。

图 4–4　两手托天理三焦（动作三、动作四）

15. “左右开弓似射雕”此式动作具体细节是什么？用力的部位是哪里

动作一：接上式。身体重心右移，松腰沉髋，左脚向左开步站立，两腿膝关节自然伸直；同时，肩部放松，两掌向上随两臂屈肘交叉搭腕于胸前，掌根约与膻中穴同高，左掌在外，两掌心朝内；目视前方（图4–5）。

图 4–5 左右开弓似射雕（动作一）

动作二：两臂沉肘稍回收，同时，右掌屈指成龙爪，左臂外旋坐腕成八字掌，掌心斜朝前，指尖朝上；目视前方（图 4–6）。

图 4–6 左右开弓似射雕（动作二）

动作三：上动不停，两腿徐缓屈膝成马步；同时，左掌向左侧推出，腕与肩平，指尖朝上，右龙爪向右平拉至肩前，犹如拉弓射箭之势，保持抻拉；目视推掌方向（图4–7）。

图 4–7　左右开弓似射雕（动作三）

动作四：身体重心右移，左腿膝关节略伸直；同时，右手指伸开成自然掌，向上、向右画弧，腕与肩同高，掌心斜朝前，指尖朝上，左手指伸开成自然掌，掌心斜朝前；目视右掌（图4–8）。

图 4–8　左右开弓似射雕（动作四）

动作五：上动不停，重心继续右移，左脚收回成并步站立；同时，两掌分别由两侧下落，屈肘，捧于小腹前，掌心朝上，指尖相对，间距约 10 厘米；目视前方（图4–9）。

右式动作同左式动作，唯左右相反。

用力的部位：当开弓时，八字掌的掌根和龙爪的肘尖保持对侧抻拉，劲力在夹脊两侧，而并不是挺胸展肩挤压夹脊。

图 4–9　左右开弓似射雕（动作五）

16. “左右开弓似射雕”动作中容易塌腰，有解决办法吗

初学者马步不要蹲太低，由于腿部力量不足就会出现塌腰撅臀，当演练水平逐渐提高后，要做到松腰沉髋，敛臀下坐。平常

练习靠墙蹲，尽量做到腰部贴墙。在练习八段锦的时候要在保持平衡的前提下松腰敛臀，使后背垂直于地面，重心放在脚跟。

17. “五劳七伤往后瞧”此式动作中，手臂的旋转幅度是多大

旋转幅度因人而异，尽力旋转，大拇指侧向下翻，小拇指侧向上翻，大拇指追小拇指，小拇指追大拇指，有一种“你追我赶”的感觉，感受旋的力量。

技术要点：

（1）转头不转体，旋臂充分，转头用力适度，两臂于体侧抻拉拔长（图4–10）。

图 4–10　五劳七伤往后瞧

（2）旋臂后瞧成定式时，劲在夹脊，意气贯于指尖。

（3）头回正、两臂内合，两掌收回按于胯旁时，两肩胛骨微外开，命门穴微后凸，脊柱竖直，保持头顶悬。

18. 做“五劳七伤往后瞧”时，是往后瞧吗

是的，这里的“后”是指斜后。练习“五劳七伤往后瞧”时要做到转头不转体，保持头顶悬，目视斜后方。

19. “摇头摆尾去心火”此式动作具体细节是什么

图 4–11　摇头摆尾去心火（动作一）

动作一：接上式，身体重心左移；右脚向右开步站立，两脚间距约三脚宽，两腿膝关节自然伸直；同时，两掌上托至胸高时，两臂内旋，两掌翻转向上分托至头斜上方，肘关节微屈，掌心斜朝上，指尖相对；目视前方（图4–11）。

动作二：上动不停，身体重心下降，两腿徐缓屈膝下蹲成马步；同时，两臂从两侧下落，肘关节弯曲，两掌掌指扶于膝关节上方，手腕松沉，掌指斜朝前；目视前方

（图4–12）。

图 4–12　摇头摆尾去心火（动作二）

动作三：上动不停，身体重心稍起；目视前方（图4–13）。

图 4–13　摇头摆尾去心火（动作三）

动作四：上动不停，身体重心右移，右腿膝关节弯曲，左腿膝关节稍屈；同时，上体右倾约45°；目视前方（图4–14）。

图4–14 摇头摆尾（动作四）

动作五：上动不停，身体重心稍下降成右偏为弓步状；同时，上体右转俯身；目视右脚尖（图4–15）。

图4–15 摇头摆尾去心火（动作五）

动作六：上动不停，身体重心左移成左偏马步状；同时，上体保持俯身左旋至左斜前方；目视右脚跟（图4-16）。

图4-16　摇头摆尾去心火（动作六）

动作七：上动不停，身体重心稍右移，右髋向右侧送出，尾闾随之向右、向前、向左、向后旋转至正后方；同时，身体重心随尾闾转动移至两腿间，膝关节弯曲；胸微含，头向左、向后转至正后方；目视上方（图4-17、图4-18）。

图4-17　摇头摆尾去心火（动作七-1）

图4–18　摇头摆尾去心火（动作七–2）

动作八：上动不停，下颌与尾闾同时内收；身体重心下降成马步；目视前方（图4–19）。

图4–19　摇头摆尾去心火（动作八）

右式动作同左式，唯左右相反。

本式一左一右为一遍，共做三遍。

做完三遍后，身体重心左移，右脚收回成开步站立，与肩同宽；同时，两掌从两侧向上至肩高时外旋翻转，掌心朝上，随之两臂上举，掌心相对；目视前方（图4–20）。

图 4–20　收式一

身体重心缓慢下降，两腿膝关节弯曲；同时，两臂屈肘，两掌经面前下按至小腹前，掌心朝下，指尖相对，相距约10厘米，拇指侧距腹部约10厘米；目视前方（图4–21）。

图 4–21　收式二

20. 如何练习“摇头摆尾去心火”

动作参考19题动作细节。

此式动作难度较大、运动变化较为复杂，摇头与摆尾上下配合的协调性要求较高。学练时，应降低难度，先开步站立习练摇头，再习练转髋摆动尾闾。掌握了单个摇头、摆尾动作后，再上下结合进行练习。要注意摇头时，不可主动用力去追求动作幅度，应柔和缓慢，脖颈尽量放松。转动尾闾，不要过于屈膝，应松腰沉髋，以尾闾为力点，先向前、后、左、右四个方向练习顶髋，再绕转画圆。顶髋要充分，转动尾闾要圆活连贯，不应有夹角。如果转动尾闾的单式动作做得不好，放到整式练习中去纠正将是徒劳的。学练此式动作贵在分清节分点。第一个节分点是动作三，重心向上稍升起，主要是缓解一下两腿和髋关节肌肉的紧张度，便于尾闾的转动，起到衔接下动的作用。第二个节分点是动作四，上体右倾约45°，注意移重心时左侧髋部不要掀起，左膝稍弯曲，脖颈和右腰侧放松。第三个节分点是动作五，向右前方俯身时，左肩不要下压，臀部不可掀起，尽量拉长腰脊，随向下俯身成右偏马步。第四个节分点是动作六，上体不要直起，尽量保特俯身向左旋转腰脊，右肩不要向下压，步型是由右偏马步移成左偏马步，目光经右脚内侧转至脚跟。第五个节分点是动作七，是“摇头摆尾去心火”一式的主体动作。当向右顶髋时，头要同时向左稍摇动，随之向上转脸，仰面观天，留住头。即头不再主动后摇，随向左后方转髋，摆动尾闾，内劲由尾闾沿脊柱螺旋上升至颈部时，头顶会随着脊柱立起而自然转向正后方。此时头保持不动，眼向上看，塌住腰，尾闾上翘。

整个动作过程，注意摇头时不要挺胸，脖颈放松，动作柔缓，不主动向后旋转，能留住头是做好该动作的关键。转髋、摆动尾闾，不可向前展腹，要提肛、收腹，动作圆活连贯。第六个节分点是动作八，注意同时收下颌、收尾闾，立项竖脊，重心垂直下沉，膝关节不超过脚尖，立身中正，气沉丹田。以上六个主要节分点，每次练习时可以口令指挥，在节分点处要停住进行纠正和检查动作，肌肉找到感觉后再做下动。只有反复练习体会要领，将节分点做准确了，并能处理好节分点之间的衔接后，再把动作连贯起来练习，才能做到运转自如。动作还没有熟练前，不应配合调息练习，要注意顺其自然地呼吸。

21. “摇头摆尾去心火”动作中，摇头时闭眼会有影响吗

整个练习过程中都不能闭眼，摇头时闭眼有影响，眼睛是人保持平衡的重要人体器官，在摇头时闭眼容易导致身体失去平衡，尤其是中老年人，可能造成身体损伤或者动作变形、功法练习效果不佳。

22. “两手攀足固肾腰”，起身时，发力顺序是什么样的

动作一：接上式。两腿挺膝伸直站立；同时，两掌指尖转向前，两臂向前、向上举起，肘关节伸直，掌心朝前；目视前方（图4-22）。

图 4-22 两手攀足固肾腰（动作一）

动作二：上动不停，两臂外旋，掌心相对，两掌随屈肘经脸前下按于胸前，掌心朝下，指尖相对；目视前方（图4-23、图4-24）。

图 4-23　两手攀足固肾腰（动作二-1）

图 4-24　两手攀足固肾腰（动作二-2）

动作三：上动不停，两臂外旋，两掌心朝上，掌指内旋，经腋下向后反插；目视前方（图4–25）。

图 4–25　两手攀足固肾腰（动作三）

动作四：上动不停，两掌心贴背，沿脊柱两侧向下摩运至臀部；目视前方（图4–26）。

图 4–26　两手攀足固肾腰（动作四）

动作五：上动不停，上体前俯，两掌继续沿腿后向下摩运至脚踝，再贴两脚外侧移至小脚趾处，随之旋腕扶于脚面，掌指朝前；目视下方（图4–27、图4–28）。

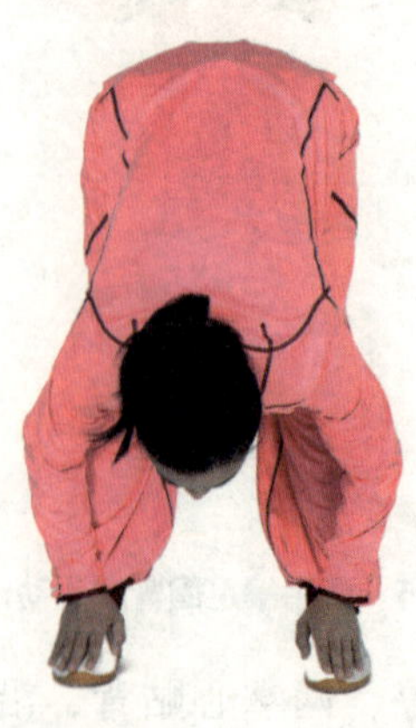

图 4–27　两手攀足固肾腰（动作五）

图 4–28　两手攀足固肾腰（动作五，侧）

动作六：上动不停，两掌不动，塌腰、翘臀、微抬头；两掌沿地面向前、向上远伸，以臂带动上体抬至水平；目视前下方（图4–29、图4–30）。

图 4–29　两手攀足固肾腰（动作六）

图 4–30　两手攀足固肾腰（动作六，侧）

动作七：上动不停，两臂继续向前、向上举至头顶上方，上体立起，两掌间距约与肩宽，掌心朝前，指尖朝上；目视前方（图4–31）。

图 4–31　两手攀足固肾腰（动作七）

本式一下一上为一遍，共做六遍，做完六遍后，身体重心缓慢下降，两腿膝关节弯曲；同时，两臂向前下落，肘稍屈，两掌下按至小腹前，掌心朝下，掌指朝前；目视前方（图4–32）。

在练习“两手攀足固肾腰”起身时，要注意身体各部位发力顺序：先塌腰，后翘臀，长引腰，微抬头，上体抬起时，注意要以臂带身，两臂向前、向上带动身体抬起。

图 4-32 收式

23. 为什么在练习“两手攀足固肾腰”时攀不到足？怎么办

有些习练者在练习“两手攀足固肾腰”时之所以摸不到脚，是因为习练者本身背部、大腿后侧肌群紧张以及韧带柔韧性不足，后背的膀胱经、肾经不通畅。在练习“两手攀足固肾腰”时不可强求，循序渐进，刚开始可不攀足，有抻拉感即可，坚持练习一段时间就可以攀到足了。注意练习要求，做到先塌腰、后翘臀、长引腰、微抬头、臂带身，始终保持膝盖伸直。

24. “攒拳怒目增气力”动作，肩是否要往前送？眼睛什么时候收回？呼吸是怎么操作的

动作说明：

动作一：接上式。身体重心右移；左脚向左开步，两腿徐缓屈膝下蹲成马步；同时，两手握固，收至腰间，拳眼朝上；目视前方（图4–33）。

图 4–33 攒拳怒目增气力（动作一）

动作二：上动不停。左拳缓慢向前冲出，与肩同高，肘关节微屈，拳眼朝上，当肘关节离开肋部时，拳越握越紧，眼睛注视左拳并逐渐睁大；同时，脚趾抓地；目视左拳（图4–34）。

图 4–34　攒拳怒目增气力（动作二）

动作三：上动不停。向右转腰顺肩；同时，左臂内旋，左拳变掌前伸，掌心朝外，掌指朝前；目视左掌（图4–35）。

图 4–35　攒拳怒目增气力（动作三）

动作四：上动不停。左掌指向下、向右、向上、向左再向下依次旋腕一周，随之握固，拳心朝上；同时，脚趾抓地；眼睛睁圆，目注掌动（图4–36）。

图 4–36　攒拳怒目增气力（动作四）

动作五：上动不停，左拳随屈肘收至腰间，拳眼朝上；同时，脚趾放松；眼睛放松，目视前方（图4–37）。

图 4–37　攒拳怒目增气力（动作五）

右式动作同左式，唯左右相反。

本式一左一右为一遍，共做三遍。

做完3遍后，身体重心右移，左脚收回成并步站立；同时，两拳变掌，自然垂于体侧；目视前方（图4–38）。

呼吸方法：

动作一、动作五呼气；动作二、动作三呼气；动作四停闭呼吸。

图4–38　收式

25. 做“背后七颠百病消”这式动作的时候，如何控制自己的身体稳定？什么时候咬牙

练习“背后七颠百病消”时，提踵时要缓慢，要求脚跟尽量上提、脚趾抓地、提肛收腹、后顶上领，中指下引，胸向上顶，形成一种对拉的力，双腿伸直紧绷，臀部夹紧保持身体稳定。此式动作是练习身体的平衡能力和稳定性，因此在练习过程中，身体有晃动或者不稳定是没关系的，要循序渐进，慢慢达到稳定。双脚脚跟下落一半后震脚同时咬紧牙关，切记咬牙而不是叩齿。

26. “背后七颠百病消”为什么是七次

关于“七”这个数字，经常出现在一些古籍记载、神话传说和民间风俗中，传递出多重的文化信息。一是有的认为是代表一种神秘的限度。无论是数量还是时间等，均以七为期，是作为一种神秘的周期数而存在。二是有的认为是体现生命活动的周期规律。《周易》曰：“反复其道，七日来复，天行也。《史记》记载：“阳数成于七。”此是天体及阴阳二气运行的自然节律。人

体也存在一个以“七天”为界限的生理周期。即“七日节律”。这一节律贯穿生命始终，特别在女性身上体现得尤为明显。“背后七颠百病消”之所以要颠足七次，应是对数字“七”所代表的无限往复和生命节律文化内涵的一种体现。

第五章

八段锦习练效果和作用

本章主要内容是对八段锦习练效果和作用的解答。为读者解答练习八段锦所带来的效果和作用是什么，使习练者知其然、知其所以然。

1. 八段锦练多久有效果

每个人练习的初衷不同，想要获得的效果也不相同。身体有酸麻胀热的感觉，练习几个动作就能感受到，想要通过练习达到养生健身的目的非一日之功。只要能坚持练习，身体就会告诉你答案。

1个月正确的练习，这个是动功，是运气。首先养气，气不足，是在做体操。如果练得正确，1周就会有成效，可是八段锦的核心部分，也就是内功部分现在基本没人会了，失传了，所以只能当作一种体操，效果就大打折扣了。

开始锻炼时，不要拘泥于呼吸的形式，一定要采取自然呼吸。不少初级练习者，过分注重呼吸，反而得不偿失。一些人之所以觉得胸闷，就是过分强调呼吸方式引起的。

练习八段锦，关键的关键是坚持！首先是每天坚持，其次是每次锻炼坚持认真对待。只要坚持，就会有效果。出效果，因人而异。千万不能因为暂时似乎没有效果而半途而废。要知道，效果的显现也是一个从量变到质变的过程。没有量的积累，何来质的提高?

每次练习时，动作一定要到位，思想要集中。开始阶段，要经常对照视频资料，纠正动作。力求动作准确。将意念集中在手掌劳宫穴处，坚持一段时间。再结合其他锻炼方式。锻炼时间因人而异。

锻炼中，呼吸是一大难点。不急于求成， 慢慢来。只要做到自然呼吸，一定会有成效。

2. 八段锦究竟有没有疗效

自健身气功·八段锦编创推广以来，数以百万计的群众实践充分验证了该功法所具有的良好健身功效。尽管目前现代科学还无法完全阐释健身气功·八段锦的健身养生机理，尽管众多科研工作者围绕健身气功·八段锦锻炼效果展开的多学科、多层次的科学研究还有待深入系统，但已为我们全面认识此功法的健身效果打开了一扇科学之门。大量研究表明，健身气功·八段锦的健身效果不是单一的，通过长期练习，可增进体质健康、强化脏腑功能、提升心理健康、防治慢性疾病、延缓机体衰老，对习练者身心健康具有整体促进作用。

3. 每天练多少遍八段锦能对身体产生作用

每个人日常生活作息与起居习惯大相径庭，锻炼经历也各不相同，所以每个人形成不同的身体状况，导致练习者对同一功法的耐受程度、接受时间各异。另外，练习八段锦是一个持续的过程，对不同体质、不同身体状况的练习者所产生作用的时间自然不同。要想判断自身对八段锦的练习需求程度，可根据身体产生温热、酸麻胀热，微微出汗来判断。例如“两手托天理三焦”，两掌向上托起，肘关节微屈，掌心朝上，抬头，目视两掌；两掌继续上托，肘关节伸直，同时，下颌内收，动作略停，两臂保持抻拉，目视前方。此时感受到肩、颈酸麻胀热等，就证明对身体产生作用。如果想要达到健康长寿的目的，仅仅依靠练习八段锦是不够的，还需要保持健康的日常起居、饮食作息习惯，调节情志，结合适合自身运动负荷的运动量等因素，持续锻炼和坚持才能逐渐接近于我们所想达到的健康长寿的目的。练功无捷径，需要无数次的练习实践与时长，并在此过程中不断调整，才会产生较好的效果，所以练功不在一天多少遍，而在于练习多少天，把它融入生活，“行住坐卧，不离这个”。

4. 六分钟八段锦和十二分钟八段锦哪一套效果更好

十二分钟八段锦效果更好。六分钟八段锦和十二分钟八段锦动作招式与口诀是一模一样的，两者只在练习次数上有区别。初学者如果自身耐力不足，一次性做不下来十二分钟八段锦，就可以选择六分钟八段锦来锻炼，为自己肌肉耐力的增加做一个过渡。如果练习者想通过八段锦健身养生达到全身性锻炼，并有一定的锻炼基础，可习练十二分钟八段锦，提高全身肌肉耐力和肌纤维的力量。治疗慢性疾病的练习者可以有针对性地挑出八段锦某一式的动作对应自己的病症多次数重复练习。六分钟八段锦是比赛规定时长，如果练习者要参加健身气功·八段锦比赛，可以着重选择六分钟八段锦来练习。

5. 用什么标准判断八段锦习练后是否有效果

练习八段锦后是否有效果， 从以下几个方面来判断：身体灵活性、敏感度、运动能力、身体控制能力的提高和身体的不适症有所缓解；柔韧性、协调性、灵活性有所改善，如练习“两手攀足固肾腰”动作前手碰不到脚，坚持练习后可以碰到，说明身体柔韧性有所改善，练习“摇头摆尾去心火”时头尾配合更加顺畅，说明身体的协调性提高了；练习完之后神清气爽、心平气和、身体轻盈、注意力集中、身体肌肉松紧适度、身体微微出汗，总体感觉身心愉悦。

6. 八段锦能促进血液的流通吗

实验证明，长期练习健身气功·八段锦可提高人体红细胞变形性、降低红细胞聚集性和血液黏度，改善血液流变性。八段锦对身体的好处，简单概述为滋阴助阳、培元补气、疏通经络、活血生津。长期练习可强身健体、聪耳明目、延年益寿。用现代科学医术分析，就是活动全身关节、肌肉、调节精神紧张、改善新陈代谢、增强心肺功能、促进血液循环，从而提高人体各个生理机能。

7. 八段锦能改善一个人长期养成的体质吗

体质是评价健康的一个综合指标，是人体在先天遗传性和后天获得性基础之上表现出来的身体素质、形态结构、运动能力、生理机能等方面相对稳定的综合特征，其范畴涵盖体格与体能、生理机能、适应能力以及精神状态等的发展水平。体质越好，说明人越健康，适应环境的能力也就越强。体质测试常用身体形态、机能、素质和运动能力来测量评价。国内外大量研究表明，合理有效的健身运动可以改善各类体质参数指标。注重意、气、形三位一体综合锻炼的健身气功·八段锦，与其他体育健身项目一样，能够有效地增进习练者的体质。

8. 八段锦对腰间盘突出或是腰肌劳损有治疗、缓解效果吗

有治疗缓解效果。八段锦强调以腰为轴，把腰部活动看作生命之本，扭腰转胯、俯仰伸腰、左右弯腰、桥形拱腰、旋腰转背等。通过主动运动脊柱、上下肢等关节，使相关的肌肉、筋膜、肌腱等得到牵拉，对粘连的软组织起到温和牵拉作用，从而减轻局部的疼痛和活动受限症状；通过八段锦的锻炼，不仅有助于行瘀理气、疏活经络、调摄气血等，还可改善腰背部血液循环，锻炼腰背部肌肉，防治腰肌劳损和腰背酸痛。经常练习可以缓解腰背部位的疼痛和不适，治疗腰背部的病变部位，使紧张痉挛的肌肉、神经有节律地放松，使血液循环得到较好的改善。对增加肌群力量、增强腰椎的稳定性和灵活性、改善运动功能有很大裨益。其中“摇头摆尾去心火”“两手攀足固肾腰”“攒拳怒目增气力”这三式的动作能够疏通足少阴肾经、足太阳膀胱经（图

5-1）、带脉、督脉、足太阴脾经、足厥阴肝经（图5-2）等经络，刺激陶道穴、大椎穴、期门穴、阴谷穴、承山穴、合阳穴、血海、箕门穴、章门穴等穴位。

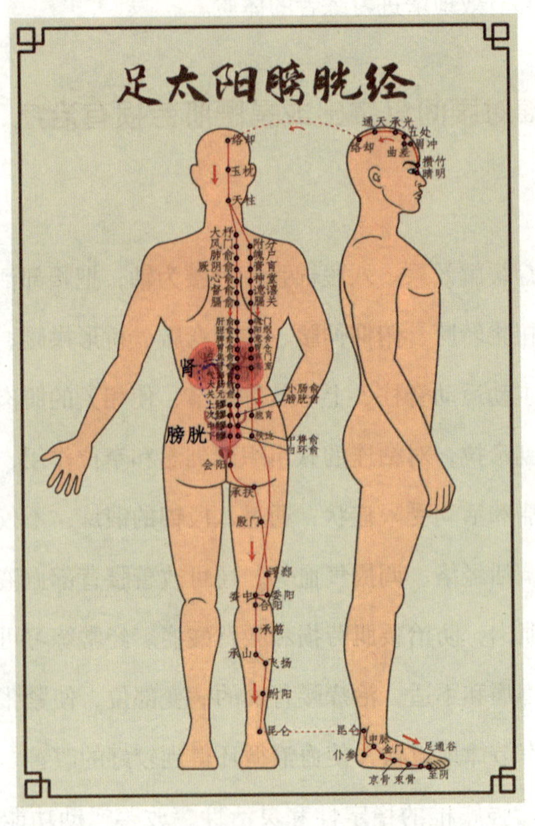

图5-1　足太阳膀胱经

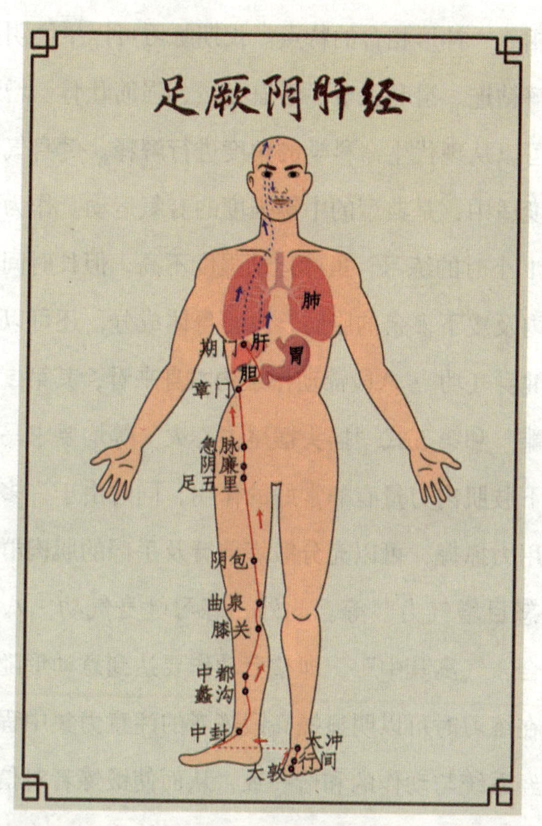

图 5–2　足厥阴肝经

9. 为什么练习健身气功·八段锦能够提高中老年人的生活质量

健身气功·八段锦动作具有柔和缓慢、圆活连贯、松紧结合、动静相兼、神形相合的特点。长期练习可以平衡阴阳、疏通经络、分解粘连、滑利关节、活血化淤、强筋壮骨、增强体质，这些功效可以从现代生命科学的角度进行解释。健身气功·八段锦运动强度适中，是典型的中等强度的有氧运动。作为锻炼者，每天进行 1 小时的练习，虽然运动强度不高，但长时间的运动可以消耗体内及皮下多余的脂肪，改善身体成分，还可以增加肌肉力量。从健身气功 ·八段锦动作结构本身来看，其第二式“左右开弓似射雕”和第五式“摇头摆尾去心火”等均要求马步站桩，这对发展下肢肌肉力量有非常好的作用，同时由于许多动作中都要求手指用力抓握，可以充分锻炼前臂及手部的肌肉群，如第七式“攒拳怒目增气力”等。此外，练习健身气功·八段锦要求“神形相合，气寓其中”，即整套动作要达到意动形随、神形兼备，这样在练习时可以明显提高锻炼者的注意力集中程度，并有效建立神经系统与动作的和谐一致，从而使锻炼者对信号的反应能力以及动手操作能力得到协同发展，最终有利于中老年人保持良好的精神状态和高雅气质。健身气功·八段锦在练习时还要求心平气和，豁达乐观，祛除杂念，坦荡安稳，最后达到实现自我调整，改善心理健康的目的，所以练习健身气功·八段锦能够提高中老年人的生活质量。

10. 练习健身气功·八段锦对提高中老年人的柔韧性及关节灵活性是否有效果

是的，这得益于其中第六式“两手攀足固肾腰”。该式动作要求练习者尽力做大幅度的躯干前屈，长期练习可以提高人体躯干的灵活性。其实，练习健身气功·八段锦不仅可以提高躯干的灵活性，它对人体其他部位和关节都有一定保健作用，如“五劳七伤往后瞧”可提高颈部和脊柱的灵活性，“两手托天理三焦”“调理脾胃须单举”能够提高肩关节和腕关节的灵活性，“摇头摆尾去心火”则可以提高髋关节和踝关节的灵活性。

11. 练习健身气功·八段锦对提高中老年人平衡能力和协调能力是否有效果

是的，健身气功·八段锦中的“左右开弓似射雕”与“摇头摆尾去心火”两式，要求练习者在开步收步当中控制好身体重心，始终做到虚实分明，加上练习过程中又要求下肢保持较长时间的马步站桩，这对练习者腿部和踝关节肌肉的锻炼较大，可以提高维持身体平衡肌肉群的力量，还有助于对神经中枢的刺激，从而提高练习者的平衡能力。

12. 八段锦的功效对男女都一样吗？还是有差别

练习八段锦对人体都是有好处的，无论是男人还是女人都是有益处的。对于男人来说练习八段锦可以壮阳补阴，对女人来说练习八段锦可以滋阴补阳。其效果都是使男女达到一种身体的平衡状态，只不过男女的生理条件有所差异，对于提升的体质高低稍微有些差异。

13. 做“左右开弓似射雕”动作时，为什么要龙爪和八字掌？它们分别刺激哪些穴位

龙爪掌心向内凹呈采气手型，五指并拢，拇指第一指节和其

余四指的第一、二指节屈收扣紧，掌心张开；八字掌掌心向外呈闭合状，拇指与食指竖直分开成八字形，其余三指的第一、二指节屈收，指间见缝，大小鱼际稍向内收，掌心微含。开弓时龙爪扣紧， 八字掌指见缝，可谓是“一紧一松、一开一合、一张一弛、一阴一阳”。

通过掌型的变化，来锻炼我们的梢节，用不同的方式，不同的角度锻炼自己，使我们手掌变得更加灵活、敏感，同时龙爪和八字掌的动作设计能够精准地刺激到手指及手臂上经络走向所包含的穴位，从而促进经络的疏通。“左右开弓似射雕”这一式主要疏通了足少阳胆经、督脉、手太阴肺经、手阳明大肠经等经络。八字掌刺激了合谷穴、曲池穴、肩髃穴、中冲穴、太渊穴、天泉穴、天池穴；龙爪刺激了少商穴、中府穴（图5–3）。

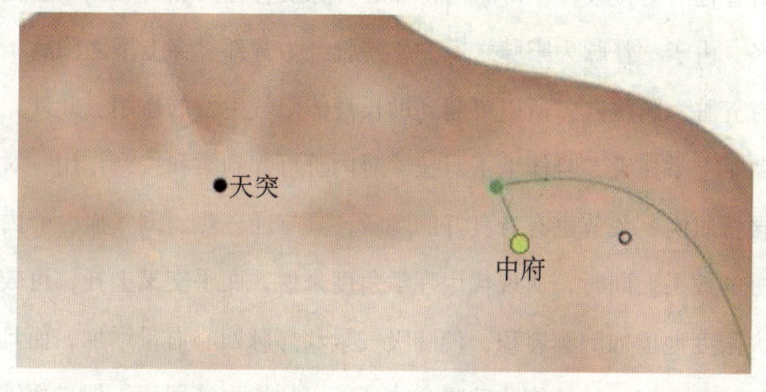

图 5–3　中府和天突

14. “两手托天理三焦”动作中的三焦是哪三焦？为什么可以理三焦

三焦分上焦、中焦、下焦。上焦：膈以上包括心肺。主宣发卫气，布散水谷和津液，发挥营养和滋润全身的作用。中焦：膈以下脐以上，包括脾胃。主消化、吸收并输布水谷和津液，运化气血。下焦：脐以下，包括小肠、大肠、肝、肾、膀胱等。主排泄作用。两手托天，两手交叉上举，大臂夹耳，肩胛旋开，整个躯干和上肢得到有效伸展，从而使手，足三阴三阳，以及任脉等经络得以相应刺激。由于以上经络贯穿于胸部、腹部、头颈及手臂，是一个环形循环，因此通过疏通经络所主的脏腑，及其络属的经筋和皮部，从而使三焦气机得以畅通和运化。另外，通过对脊柱的对拉拔伸，可激活背部的督脉及脊柱两侧的足太阳膀胱经，由于“督脉为阳脉之海”，膀胱经为背部贯穿上下之阳脉，有五脏六腑腧穴，所以可起到助长身体阳气生发的作用。此外，两手上举托天，身体上下对拉，对内脏可起到柔和按摩作用，对腰背肌肉、关节也有着良好的刺激，具有通三焦、调气血、养内脏的效果。同时，从现代生理学角度来说，两手交叉上托，可较大限度地增加胸廓容积，使肺吸气量和静脉回心血量增加，而且细、匀、深、长的腹式呼吸方式还可以加快血液回流，促进血液循环，促进三焦运行（图5–4）。

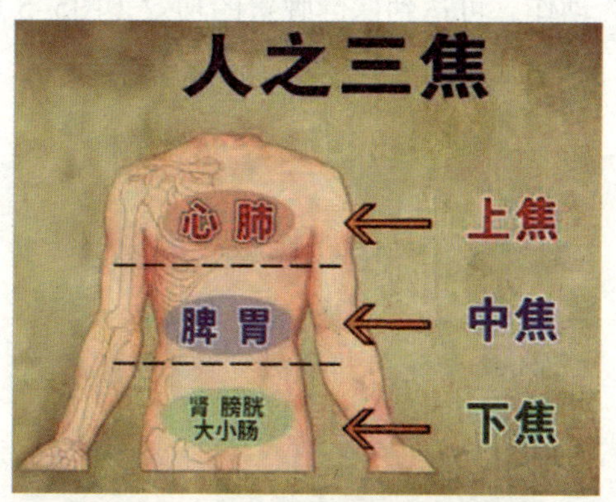

图 5–4　三焦

15. “调理脾胃须单举”为什么两手要上下对拉？为什么可以调理脾胃

脾为五脏之一，其气主升；胃为六腑之一，其气主降，脾胃升清降浊，是全身气机升降枢纽。本式两手上撑下按，产生对侧斜拉的力，两臂在中焦交替，上下相对而行，可以充分牵拉腹腔，有效刺激肋侧大包穴，而大包穴隶属于足太阴脾经，进而带动整条脾经的气血通畅。此式可以加强体内三焦升清降浊的运动，对脾胃的收纳、运化功能有很大帮助，同时促进胆汁、胃液的分泌，改善消化系统机能。单举手还可刺激肩颈部位的穴位，从而达到疏通经络、促进周身气血充盈的功效。坚持习练“调理脾胃须单举”动作，可达到保健脾胃的功效（图5–5）。

图5–5 调理脾胃须单举

16. 摇头摆尾为什么能去心火

我国传统医学认为，肾藏有“先天之精”，为脏腑阴阳之本（元精、元气），是生命之源，故称肾为“先天之本”。肾在五行中属水，心在五行中属火，按照五行关系水克火，因此只有使心肾相交，才能使水火相济，身体安康。而中医又有“腰为肾府，命门贯脊属肾”的说法。因此，要想调理心火，就要设法壮腰强肾。“摇头摆尾”这一动作从外表看，似乎是头与躯干的左右运动，其实整个动作主要是强调对腰骶部位的导引，从而达到运动腰骶关节，刺激脊柱和命门穴，调理肾府，增强肾阴对人体各脏腑器官滋养和濡润的作用，进而达到“去心火”的目的。

17.“两手攀足固肾腰”动作中，刺激的是腰部哪些穴位

两掌摩运与俯身攀足，可循经按摩、牵拉膀胱经，刺激督脉和命门、腰阳关、肾俞等穴，加之起身时能有效牵拉足少阴肾经，可取得充盈经气、固肾壮腰的效果。

18.“攒拳怒目增气力”中出拳回收时为什么要拇指抵在无名指指根处握拳？为什么攒拳怒目就可以增气力

握固：大拇指抵掐无名指根节内侧，其余四指屈拢收握（图5–8）。从前人记载来看，握固有助于安魂定神，收摄精气。由此可认为握固所作用的人体系统应当是肝经系统和肾经系统。中医理论认为：“肝肾同源”，肝属性为木，主升发，能疏泄情

绪、调畅气血，其中肝经包括：肝、胆、眼睛、筋、爪甲等组织器官。肝经系统经脉运行在身体侧旁。肾属性为水，主封藏，是生长发育之本，肾经系统包括：肾、膀胱、耳朵、骨、头发等组织器官。肾经系统的经脉运行在身体内侧。肝经系统和肾经系统平时互相协调配合，可以使人体精气收藏、气血布散，从而使生命过程持续不断。健身气功·八段锦“攒拳怒目增气力”是一式全面调理肝经系统的经典动作。当两手握固在腰间贴肋前送时，可以按摩腰腹两侧的肝胆经脉。冲拳怒目，体现了“肝主筋”“肝开窍于目”的特性。转掌握固收拳于腰间，则贯彻“肝属性为木”“木曰曲直”的特点。综上“攒拳怒目增气力”这一式动作全面刺激和调节人体肝经系统，可以疏布气血，调畅情绪，增强意志，贯通气力，使精气神旺盛，充满生机活力（中医学中的“肝”主管人的勇气和力量，因此“肝”有将军之官、“罢极之本”的别称）。

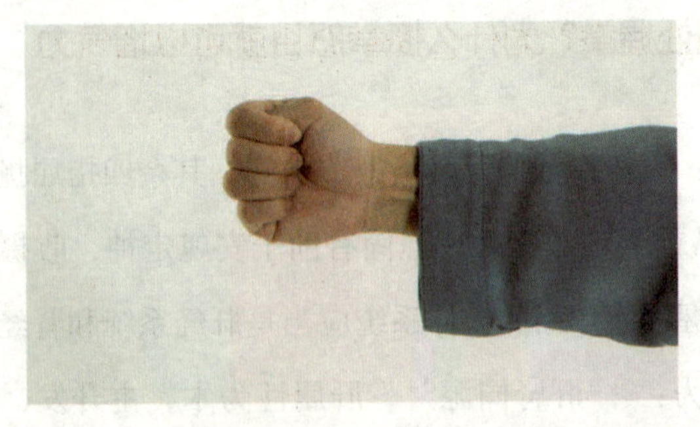

19. “背后七颠百病消”颠足下落时为什么需停顿一下，脚后跟才完全落地？刺激的是哪个穴位

“背后七颠百病消”颠足下落时并不是停顿，而是落一半后缓慢放松下落，其间是速度的转变，而不是停顿，目的是控制颠足刺激的强度，若脚跟点起直接下落，距离太高，刺激强度大，容易损伤后脑，如减慢下落速度，可降低强度，同时加大动作的难度，提高习练者的平衡控制能力。在下落的同时要咬紧牙关保护后脑。练习“背后七颠百病消”可刺激涌泉穴、厉兑穴、冲阳穴、解溪穴等穴位。

第六章 八段锦学习渠道和方法

本章主要内容是对八段锦学习渠道和习练方法的解答。为读者解答选择学习八段锦渠道的正确方法，以及学习过程中遇到的问题，以避免由于版本及说法的不同，使其动作不规范、不正确，从而导致学习偏差。

1. 如何在众多八段锦视频版本中选择规范的视频

随着社会经济与科技的发展，国内南北东西文化与国外传统文化交流更加频繁，八段锦功法呈现出多样风采。包括：北派八段锦、少林八段锦、瑜伽八段锦、健身气功·八段锦、少儿八段锦等版本。其中2003年国家体育总局健身气功管理中心在广泛调研基础上，组织专家研讨、审定，由北京体育大学课题组承担任务，编创了健身气功·八段锦，使其更具科学性、民族性、规范性和观赏性。健身气功·八段锦视频见下面链接。

2. 八段锦会不会和古人教的学的不一样呢

八段锦是中国传统文化，随着时代的进步，对传统文化要取其精华去其糟粕，所以我们现代所习练的八段锦与古代流传的八段锦是同根同源但又各自有其时代特色。

3. 有没有关于八段锦的教学直播视频？从哪些渠道可以关注直播呢

可从微信公众号“中国健身气功协会”“北京健身汇”中找到八段锦的教学视频，目前在不断更新当中。抖音、快手等短视频中会有用户不定时地进行八段锦教学直播。

（1）健身气功 ·八段锦 _ 北京体育大学 _ 中国大学 MOOC

（慕课）（icourse163.org）

（2）https://www.icourse163.org/course/BSU-1461159170?

4. 练习八段锦的时候需要听音乐吗？有音乐效果好还是无音乐效果好

初学者建议跟着音乐练习八段锦，体会八段锦的匀速练习，形成一定练习速度的肌肉记忆后有无音乐都可以。

5. 学习八段锦需要找哪些学习机构

随着经济的发展和社会的进步，国家大力推广全民健身，人民对体育的重视程度也在不断提高，国家体育总局自健身气功·八段锦编创以来在大力推广，定时组织专业的线上直播教学课程，召开健身气功社会体育指导员交流会，在各省份和城市的健身气功管理中心和健身气功协会经常组织一些线上和线下的指导培训，各区县设立的健身气功站点和社会体育指导员也越来越多。所以学习八段锦只需要找到所在地的健身气功站点即可。

6. 八段锦的学习过程困难吗

不困难，八段锦的动作源于生活，取自人们的举手投足，动作简单易学。可搜索国家体育总局发布的健身气功・八段锦的视频自行学习，或者去附近的健身气功站点和社会体育指导员学习八段锦。也可以和朋友一起讨论更好地了解八段锦。

7. 练习哪个版本的八段锦比较好

目前的八段锦版本比较多，包括国家体育总局的发布的八段锦版本、少林八段锦、武当八段锦等，都是非常好的版本。一般是比较推荐练国家体育总局发布的八段锦版本，就叫《健身气功・八段锦》。

8. 如何选择八段锦练习时间

八段锦的练习时间根据个人职业、年龄等来判定。例如上班族，工作繁忙且闲暇较少，可利用短时空闲起身活动，挑选八段锦当中自身需要的单一动作进行练习。对于老年人而言，闲暇时间较多，练习八段锦时间段选择较多，但是要根据四时的变化决定练习时间。老年人练习八段锦要注意练习时间早上不能太早，晚上不能太晚，不建议睡觉前练习八段锦；夏日不要在温度过高的时间和地点练习八段锦；对于身体某些部位有不适的人来说，可以随时对其进行刺激，例如对于肩周炎患者，可以不定时的练习“两手托天理三焦”“调理脾胃须单举”“五劳七伤往后瞧”等肩关节上下前后旋转的动作。总之，无论什么运动都建议在符合人体健康运动规律的前提下进行。

9. 八段锦最好什么时候练习？晚上能练吗？练几遍

在早晨的 5~9点练八段锦最好。俗话说一日之计在于晨，早晨空气清新，是阳气最足的时候，此时人们的精神也最佳。晨起后锻炼一下八段锦，能更好地利五脏六腑，调气血通经络。如果按照国家体育总局发布的八段锦版本，将八段锦的每个动作按照说明的次数来练，练习一遍需要15 ~ 20 分钟。在时间允许的情况下，一天可以练习1 ~ 2 次。每次可练习1 ~ 2遍， 中间休息2 ~ 5分钟接着练下一遍，加上准备活动和整理运动，通常一次练习时间在40分钟左右。

10. 八段锦什么年龄段练最合适

任何年龄段都适合练八段锦。八段锦功法可以柔筋健骨，养气壮力，有行气活血、协调五脏六腑功能的作用，男女老幼皆可锻炼。本功法在做动作时要结合意念活动，想着动作的要求而自然引出动作来，并注意配合呼吸。这样练习功法可以安心宁神，延年益寿。

11. 八段锦练到什么程度合适

锻炼身体是一个自我主动运动的过程，练到什么程度因人而异，要遵从循序渐进的原则，始终处于一个不断调节的过程，每次练习结束感觉身心愉悦，神清气爽，练到这个程度就是最佳状态。

12. 八段锦练习需要多大的空间？场地有没有限制

不需要很大空间，前后左右一步距离即可。习练者应选择地势平坦、环境安静、空气新鲜（避免风口）、温湿度适宜和安全的地方练功，以减少新异动因的刺激，利于肢体活动、呼吸调整和调心入静。如果环境嘈杂、空气污浊、温度过高过低或湿度太大，都会给身心带来不适感觉，有碍正常练功。故习练者一方面要尽量选择较好的环境，另一方面也应在练功中主动排除杂念，尽量消除外在环境的影响，日久练功自会适应外界的环境。如遇雷电、大雨、大风、大雾等恶劣天气时，习练者应停止练功。八段锦作为一种温和的健身气功，简单、易学、没有时间地点与年龄的限制，随时随地皆可锻炼。

13. 为什么现在很多年轻人不去学习八段锦

随着社会的快速发展，年轻人接受的新鲜事物越来越多，大部分年轻人喜欢快节奏的生活，导致没有时间静下心去练一套八段锦，转而追求能够快速暴汗的运动。思维方面，年轻人对八段锦的偏见和思维定式，认为八段锦就是老人做的，与年轻人身心不符。兴趣方面，年轻人对八段锦兴趣不足，比如对于大学生而言，接触八段锦只有体育课一种方式，并且授课方式较为简单枯燥，激不起学生对练习八段锦的兴趣和积极性。所以许多年轻人不愿意学习八段锦，但我们应该呼吁更多的年轻人来参与这项运动。

14. 青少年需要像老年人那样练八段锦吗

八段锦适合各个年龄阶段的大众习练，青少年可根据自身情况改变八段锦练习的次数、强度来达到锻炼身体的目的。所以青少年可以练八段锦来锻炼身体，但是不一定需要符合老年人练习八段锦的强度，要根据青少年自身情况、运动经历等来确定。

15. 少儿需要像老年人那样练八段锦吗

八段锦对于任何年龄段的习练都是有一定作用的，青少年练习八段锦可适当的增加一些发力，或者增加次数，根据不同的年龄选择适合的强度进行练习。

第七章 八段錦呼吸方法和作用

本章主要内容是对八段锦呼吸方法和作用的解答。为读者解答关于练习八段锦呼吸的正确方法，以及呼吸与动作之间的关系和作用，使习练者将呼吸与动作完美配合起来，感受练功的带来的效果。

1. 在练习八段锦的过程中呼吸是如何调节和配合的

健身气功·八段锦对呼吸的要求是采用逆腹式呼吸，同时配合提肛呼吸。想要较好地掌握练习八段锦时呼吸的协调与配合，可参考三个阶段进行（阶段的划分没有时间界限）。

初级阶段主要以学习掌握功法的套路为主，在练习中呼吸应顺其自然，不改变自己正常的呼吸方式，不加意念调控。同时，可结合站桩和功法中的典型动作，配合升降开合，专门进行调息的基本功训练。如开吸合呼，起吸落呼，松吸紧呼，保持抻拉及功法要求的停闭呼吸等。需要注意的是此阶段呼吸应柔和自然，切不可强求，否则欲速则不达。也就是说，在练习的初期阶段可以不考虑呼吸与动作的配合，应当注意呼吸的顺其自然。

中级阶段的调息，主要是根据动作升降、开合的呼吸规律，结合功法对呼吸的要求，有意识地进行配合。此时调息练习不可强求，应根据个体差异、肺活量、呼吸频率、动作幅度、练功年限、功力等区别对待。期间自然呼吸在练习中是不可缺少的，它起着重要的调节作用，特别是集体练习、配乐练习时应采取顺其自然的呼吸。呼吸应柔和均匀，不可追求深长，这样经过较长时间的练习，呼吸与动作才能配合自如，逐步达到不调而自调的状态。

高级阶段的调息，不再注重通过口、鼻呼吸自然界的空气，不再有意识的根据动作的升降开合进行调控，呼吸进入自调，而且完全符合动作与呼吸的配合规律。此时虽然不再注重口鼻的呼吸，但其动作与呼吸的配合规律与内气的运行是相一致的，气的疏布发散、聚敛回归，均起于丹田，与劲力的配合相吻合。

2. 如何让八段锦的动作与呼吸配合得更加完美

练功没有完美之说，这是一个持续练习、积累、调整的过程，没有事物是一蹴而就、绝对完美的。八段锦的动作与呼吸配合也是没有完美一说，呼吸与配合的程度没有统一的标准。功法的练习本质上就是为了促进人体健康发展，是自我感悟的过程，我们应该关注自身的感受，体会自身的收获，以人为本，而不是为了达到某一标准而去习练功法。

那么，八段锦动作与呼吸的配合练习有哪些规律或者说要点呢？首先要学习控制身体，即四肢与躯干的协调配合。当我们在练习八段锦过程当中，我们的躯干和四肢能够互相自然的协调配合，并且能够保证动作的完整性，掌握好每一式动作要领，熟练每一式动作的路线、方向、节分点，进而把握动作的发力顺序。之后我们在肢体协调运动的基础上来调整呼吸。

经过以上过程长时间的反复练习与体会，在此过程中不断调整对练习者自身来说最自然的呼吸与动作的协调配合，就是我们所要达到的有利于身体健康的较好的八段锦动作与呼吸的配合。

3. 八段锦的正确呼吸方法？李鸿义的为何是上呼下吸，开呼合吸？到底哪个才是正确的

八段锦正确呼吸方法，可用自然呼吸，也可用腹式呼吸方法（顺、逆）呼吸，不管哪种呼吸方法，都必须要遵循呼吸原则，即起吸落呼、开吸合呼、松吸紧呼。呼吸是气功疗法中重要的环节，呼吸方法常用的一般有以下几种:

一、自然呼吸法。这是每个人出生以后就具备的生理呼吸，不加丝毫的意念支配，呼吸自然柔和均匀，缺点是不够深长。

二、顺呼吸，吸气时膈肌下降，腹部外凸，呼气时膈肌上

升，腹部内凹。腹肌上下移动的幅度变大，腹肌的前后运动量大，逐渐成为腹式呼吸法。

三、逆呼吸法与顺呼吸法正好相反，它较顺呼吸法的运动幅度和强度比较大。

四、停闭呼吸法，这种呼吸法有两种，在吸气或者呼气当中停顿片刻，然后再呼吸。鼻吸口呼法：呼吸道有病，口腔变窄，呼吸不畅时可以采用此方法。还有小周天呼吸法和潜呼吸法。以上的几种呼吸法，顺呼吸和逆呼吸，对于防治心血管和脑血管的疾病有较好的疗效。停闭呼吸法对治疗消化系统的疾病疗效较好。鼻吸口呼法，对防治呼吸系统的疾病疗效就好。

太极拳、易筋经、五禽戏、八段锦这些功法，严格说起来都是动静相兼的功法，也就是说不仅要练好动作，而且要整体松静，意守丹田，练久了会收到气功的效果。但现在很多人只练动作而忽略了静，所以疗效极差。其实外动功尽管方法动作多种多样，但目的都只有一个，就是最大限度保持机体内外、上下、左右平衡，保持健康。好的保健功法大多是以腰脊为轴，建立在以肾为本，和脾胃为后天之本的基础上的。八段锦是一套全身性祛病保健运动。共分八段，锦是形容它动作优美如锦缎一样珍贵，练法分床上八段和床下八段。以床下八段多见。由于八段锦在各个地区广泛流传所以形成了“十里不同风，百里不同俗”的现象，因为每人体质不同，传下的功法也有着自己的特点和风格。无论选用哪种呼吸法， 只要练后感到舒适、顺畅、爽快、无憋气感， 就是对的，说明合适自己，应坚持下去。

4. 为什么练习健身气功·八段锦能够改善中老年人呼吸系统机能

呼吸系统是人体与外界空气进行气体交换的一系列器官的总称，包括鼻、咽、喉、气管、支气管及由大量的肺泡、血管、淋巴管、神经构成的肺，以及胸膜等组织。而健身气功·八段锦的练习主要采用逆腹式呼吸方式，强调呼吸要“细、匀、深、长”。在步入中老年阶段之后，人随着年龄的增大，呼吸肌的力量、肺的弹性支持结构逐渐减弱，导致肺的通气、换气功能下降，运氧能力低下。通过练习健身气功·八段锦和运用其所具备的这种较为独特的呼吸方式，可以加大膈肌的上下运动，同时牵动腹肌参与，一鼓一荡，对心肺，对腹腔器官都产生按摩运动。这种呼吸方式能够使人体吸入更多的氧气和能量物质，也能够使人体排出更多的体内废气，以此来促进内外气体交换、提高肺的换气能力、增加肺的通气量，在保持肺组织的弹性的同时，胸膈的活动度也得到了增强，从而改善人体的呼吸系统机能。以下以具体动作为例，如第一式“两手托天理三焦”、第二式“左右开弓似射雕”和第六式“两手攀足固肾腰”这三个动作的动作幅度较大，在练习过程中也需要注意动作与呼吸的配合，均要求在随着动作伸展的同时，不断加大呼吸幅度与呼吸深度，从而使膈肌上下运动幅度大大增加，使呼吸肌肉群得到充分锻炼。而膈肌是人体最重要的呼吸肌，对它的有效锻炼可以增加胸腔体积，从而提高肺活量。

5. 八段锦是顺腹式呼吸还是逆腹式呼吸

不同阶段对呼吸吐纳的总体把握是不同的，在初学阶段以自然呼吸为好，待动作熟练后可根据呼吸方法结合动作逐渐过渡到顺腹式呼吸。当演练水平达到一定程度时，应采用逆腹式呼吸，呼吸应柔和均匀，细匀深长。逆腹式呼吸具体操作：吸气时提肛、收腹、膈肌上升，呼气时隔肌下降、松腹、松肛。动作结合时是起吸落呼，开吸合呼，蓄吸发呼，在每一段主体动作中的松紧与动静变化的交替处，采用闭气。因每个人的肺活量、呼吸频率存有差异，功法的动作幅度也有大小、长短之别，对呼吸的方法要灵活运用，不可生搬硬套，如气息不畅应随时进行调节。

6. 八段锦到底是鼻吸口呼还是鼻吸鼻呼

鼻吸鼻呼。健身气功是以自身形体活动、呼吸吐纳、心理调节相结合为主要运动形式的民族传统体育项目。呼吸吐纳是健身气功这一运动项目的标志性特征，是区别于其他体育项目的根本点，从一定意义上说，健身气功就是呼吸吐纳的功夫。因此，学练健身气功首先要弄清呼吸在习练健身气功中的特别之处，把呼吸吐纳作为学健身气功的关键科目来学练。

7. 八段锦呼吸配合动作有什么作用

健身气功·八段锦以导引动作为主，配合呼吸吐纳，从生理学的角度来说，如“两手托天理三焦”一式，两手上托时配合吸气，可以加大膈肌收缩的幅度，使人体摄入更多的氧气；下落时配合呼气，膈肌收缩，膈肌深度向下时，使腹腔压力增加，同时胸腔的压力相应减少（负压增加），迫使腹腔脏器内所储存的血液流回心脏，参与周身循环，改善周身循环及代谢作用。由内增强五脏六腑的机能，由外加强身体肌肉的锻炼，有更好的养生保健效果。

第八章

八段锦意守方法

本章主要内容是对八段锦意守方法的解答。为读者解答关于八段锦练习中意念与心理的正确方法，使习练者在练习过程中正确进行心理及意念的引导。

1. 怎样进行心理调节

心理调节，指练功者对思维活动的调控 ,也称调心，说得直接一点就是如何运用意念，在练习时的意念活动不是守一，而是意想动作过程。它包括动作的规格、要点、重点部位及呼吸。可能有人会问，这么多内容如何意守，会不会顾此失彼。其实操作起来没有想象中困难，它同调身调息一样，有一个渐进的过程。在练功初期，也就是学习动作阶段，主要是意念动作规格和要点，在熟练提高阶段，重点是意念动作技术环节，注重风格特点，使意念与呼吸相协调。随着功法的熟练、技术水平的提高，动作趋于自动化，呼吸也近于自调，这时的意念也随之越来越恬淡，最后达到动作、呼吸、意念协调一致。

2. 八段锦是气功，意念不是很集中会不会没有效果

不会。练功的过程，就是集中意念的过程，意念跑了没关系，再集中就行。练习主要因人而异，对于效果，每个人的练功

目的不同，想要收获的东西也不同。八段锦既然能历经千年流传下来，就自有其独到的功效，而且经过大量的科学实验证明，八段锦对于人体身心健康是非常有效的。意念不集中可能会达不到最好效果，但也能进行身体锻炼。

3. 在特别开心或特别伤心的时候可以练习八段锦吗

建议不要练。练习八段锦之前进行心肺的舒缓平静，保证在练习八段锦的过程中达到平静的心理状态。喜伤心、悲伤肺，人的大喜大悲都是伤身的，但如果特别想练，可将八段锦作为一个抒发情绪的窗口，练习八段锦的目的就是要让我们筑建处事不惊的心理承受能力。

4. 八段锦意守的重点部位有哪些

健身气功·八段锦意念方法的运用，应根据不同的招式要求、自身的技术水平及练功阶段合理选择，对于初学者而言，可重点放在意念动作的过程与规格要领。演练水平提高后可意念动作与呼吸配合，以及意念身体部位和穴位。随着练功的深入，逐渐进入似守非守，绵绵若存的境界。

意守部位：预备式——意守丹田，宁静心神，调整呼吸，端正身型。“两手托天理三焦”——意想三焦通畅，两手上托气从关元提至天突，两掌下落气从天突降至关元。“左右开弓似射雕”——开劲达脊背，意至食指商阳。“调理脾胃须单举”——意想丹田，伸拉两胁，吸入清气，呼出浊气。“五劳七伤往后瞧”——旋臂刺激手腕原穴，后瞧转动颈部大椎，展肩劲达脊背，蹲身气沉丹田。“摇头摆尾去心火”——摇头放松大椎，摆尾转动尾闾，呼吸取其自然，意念守在涌泉，“两手攀足固肾腰”——摩运膀胱经，畅通任督二脉，意念守在命门，气息沉至丹田。“攒拳怒目增气力”——左右拧转脊柱，气力发手丹田，旋腕用力抓握，两眼怒目睁圆。“背后七颠百病消”——脚趾用力抓地，百会向上虚领，放松肢体下颠。吸气呼气意在丹田。收势气息归元意守丹田，静养一会再还原。

5. 健身气功·八段锦在练习中怎样进行心理调节

心理调节是指练功者对思维活动的调控，也称调心。健身气功·八段锦调心不是守意，而是意想动作过程，包括动作的规格、要点、重点部位以及呼吸。具体来讲，在练功初期，也就是学习动作阶段，主要是注意动作规格和要点。在熟练提高阶段，重点是注重风格特点，使动作与呼吸相协调。随着功法的熟练、技术水平的提高，动作趋于自动化，呼吸也近于自然，心神也随之越来越恬淡。这时可以将意念集中到每个练习动作的规格、要点和重点部位上，最后达到动作、呼吸、心理协调一致。

6. 练习八段锦的时候需要想象些什么东西吗

练习八段锦过程中保持注意力集中，对于初学者，在练习八段锦的时候要想象动作的要领，动作熟练时要想象动作和呼吸相配合，当动作和呼吸配合得很好时，要想象身心合一。

第九章 八段锦对身体健康的作用

本章主要内容是对练习八段锦对身体健康作用的解答。为读者解答关于练习八段锦对身体健康带来的好处，并从人体机制的各个方面，以及通过习练八段锦对人体系统机能的作用进行一一解答。

1. 八段锦能提升寿命吗

寿命的长短跟练习者生活习惯、饮食状况等有重大关联。八段锦作为养生保健功法，具有柔和缓慢、圆活连贯、松紧结合、动静相兼、神与形合、气寓其中等特点。

“两手托天理三焦”：整个过程中元气顺三焦上下运动，滋养五脏六腑之气；“左右开弓似射雕”：具有通达心肺，疏理肝气的作用，对消除胸闷，治疗肋痛具有明显作用；“调理脾胃须单举”：对于脾胃肝胆起到很好的按摩作用，可以加强体内升清降浊的运动，对脾胃的收纳、运化功能有很大帮助；“五劳七伤往后瞧”：对消除中枢神经系统的疲劳和一些生理功能障碍等都有促进作用；“摇头摆尾去心火”：对去除焦虑、抑郁、烦躁等有很大帮助；“两手攀足固肾腰”：对脊背疼痛、腰痛、腿脚无力有较好效果；“攒拳怒目增气力”：增加肌肉力量；“背后七颠百病消”：帮助放松，有助于调理周身气血，恢复生理之平衡。这每一式的作用都能够促进相关人体器官的工作运行，减少器官在工作过程中所造成的损伤，延长器官寿命。

2. 练八段锦保养身体好，还是练肌肉保养身体好

中医讲究脾主肌肉，一个人的脾好也能促进肌肉发展，一个人的肌肉好同时它能强脾。“调理脾胃须单举”能有效锻炼人的脾胃，脾主肌肉，所以说练习八段锦的同时也是可以锻炼到肌肉的，锻炼肌肉和练习八段锦都能保养好脾胃。八段锦的各种招式也可以促进其他器官和部位的发展和提高，所以，八段锦对于人体具有多方面的提升。

八段锦对人体是由内而外的保养，能够通过促进气血的运行，增强体内脏器的功能，延长各脏器的寿命，提高练习者身体免疫力；而锻炼肌肉能够提高体外肌肉纤维的力量、柔韧及弹性等机能，提高保护人体内部脏器的外部力量。所以练习八段锦和锻炼肌肉不矛盾，适度同时进行反而更有利于人体健康和保养。

3. 八段锦能否改善骨质疏松？促进人体骨骼的质量提升

研究表明，适当的力学刺激和负重有助于维持骨的重建，修复轻微的骨骼损伤，以避免损伤的累积引起骨折。八段锦是一种有效防治方法，在改善骨质疏松患者的骨密度、骨代谢指标和疼痛评分上有着显著作用。众多研究表明健身气功·八段锦在练习后能明显提高中老年人下肢力量素质、平衡能力、关节及神经系统灵活性，有效延缓老年人骨量流失，改善骨代谢，对人体骨骼质量有相对提高。

4. 八段锦对脾胃有好处吗

中医认为“脾主升清，胃主降浊”，脾胃是人体气机升降的枢纽，若脾胃升降失常，会影响到消化吸收功能，甚至出现其他脏腑的疾病。传统功法中，认为双肩为中焦气血流通的要津，《医学入门》中“开关法”和“起脾法”均是用松肩的方法以调理脾胃之气。“调理脾胃须单举”通过两臂交替上举下按，一松一紧地上下对拉，肩胛骨开合有序，腹肌也随之松紧交替，动作中呼气配合，使中焦脾胃二脏得到按摩与疏通，调节脾胃气机的升降。同时，这个动作也能刺激位于胸、胁、腹、背部的相关经络和穴位，尤其是脾经、胃经、肝经、胆经。五行学说认为木克土，而肝属木，脾属土，当肝胆出现问题就会克制脾胃。练习此式不但能对脾经、胃经进行有效的刺激和疏通，还通过牵拉疏通了肝胆经，进一步增强对脾胃功能的调理。

5. 八段锦对肾脏功能有好处吗

八段锦对于严重的肾病效果不大，但是正常人练八段锦有固肾强腰的功效。一般肾病比如说肾结石、肾炎、尿毒症等，练八段锦基本上并不能起到治疗效果，但是坚持练也能够调养身体。而健康人或者中医上属于肾虚人群者，通过练八段锦，有疏通膀胱经、肾经、固肾、延年、壮腰背之功效。经常练习“两手攀足固肾腰”能强肾固腰，对肾脏功能起到很好的保养的功效。

6. 八段锦对人体心血管有益处吗

良好的心功能是维持血液循环的必要条件，而正常的血液循环又是所有组织器官获得营养物质的必要条件。如果心功能衰退，各组织器官都会因营养不足而功能衰竭。值得注意的是，良好的心功能不仅依赖于心脏有力的泵血，还依赖于血管通畅和正常的压力调节功能。动脉血管的硬化、心跳频率的增加都会导致血压，特别是舒张压的升高，进而增加心脏负担。反过来，随着血压升高，逐渐出现动脉管壁增厚，从而加重动脉硬化，导致心脑血管疾病的患病率和病死率升高。

实验结果显示，坚持健身气功·八段锦锻炼，习练者的收缩压、舒张压、脉压差、平均动脉压、心率显著降低，台阶指数、肺活量、肺功能显著增大，6分钟步行距离显著加长，心功能显著增强，血黏度显著降低，红细胞压积、红细胞刚性指数、红细胞聚集指数显著降低，血红蛋白、红细胞数、平均红细胞体积、平均红细胞血红蛋白含量、平均红细胞血红蛋白浓度显著提高，心率变异高频信号显著增强，低频与高频比值显著降低。由此可见，习练健身气功·八段锦可有效改善心脏功能，特别是能够通过增加心脏泵血的力量和每搏输出量，促使心脏缓慢跳动（心律降低），从而在维持血液循环稳定的情况下，使心脏得到更多的休息时间。此论述也从左心室射血前期与射血期时间之比的增加得到了印证。心率变异性高频信号增强（HF%）和低频高频比值

（LF/HF）的降低，说明促进心脏休息的迷走神经兴奋性增强，进一步揭示了心脏得到更多休息的生理原因。心脏每次搏出的血液增加，会导致血压、脉压的增加，这对血管和重要脏器是不利的，但是坚持习练健身气功·八段锦后血管的弹性增加，调节能力提升，加上血脂降低等血管保护作用，可以说是充分补偿了血压、脉压的变化。另外，血液黏稠度的降低，使得血液流动性更好，阻力变小，也有利于血压的下降。同时，由于心脏功能增强，应对剧烈运动的能力增强，这可从台阶实验指数降低中得到验证。上述指标的良性变化，对防治动脉硬化、高血压、心脑血管疾病等都有积极作用。

7. 八段锦能调节失眠问题吗

科学证明，定期进行有氧运动可有效改善睡眠，提高睡眠质量，治疗失眠。八段锦属于中低强度的有氧运动，是中国传统养生保健术，融合了中医的阴阳五行、经络学说、脏腑学说等，对失眠症有明显的作用。

八段锦治疗失眠的机理：从动作来看，八段锦既有上下方向的“两手托天理三焦”“调理脾胃须单举”，又有左右方向的

“左右开弓似射雕”，亦有前后动作的“五劳七伤往后瞧”等；以其功理功效论之，八段锦通过肢体的对拔拉长，牵拉伸展，可推动经络气血运行，络脉通畅，可对脏腑起到按摩、调节作用。八段锦前后、上下、左右活动，均为调节阴阳平衡的外在动作，阴阳平衡、脏腑和谐则得以入寐，改善患者的失眠症状。八段锦的单个动作对失眠的常见症状符合中医理论，如“摇头摆尾去心火”对于痰火扰心、心火亢胜证型通过疏通膀胱经，补充肾气，使心肾相交，水火相济，改善患者的心烦、失眠、难以入睡等症状；“调理脾胃须单举”则通过上肢的上撑下按、上下牵拉，对中焦脾胃、肝胆起到按摩作用，从而改善胃纳不和、心脾两虚证型患者的失眠；“背后七颠百步消”通过颠足、颠背以刺激神经与身体的阴经，改善虚证失眠患者的症状；“两手攀足固肾腰”抻拉足少阴肾经和足太阳膀胱经，提升肾气，适于失眠证属肾虚火旺。因此，八段锦可以一定程度的调节失眠问题。

练八段锦对于焦虑失眠可能会有一定的效果。每个人出现焦虑失眠的原因都不一样，比如说情绪紧张、压力大、心情抑郁、碰上了不开心的事情等。而练习八段锦，除了锻炼肌肉关节外还可使全身的肌肉骨骼放松，还有助于中枢神经系统，特别是交感神经系统紧张性的下降，因而可以使内在的焦虑情绪得到改善。另外，配合呼吸，还可以调整按摩内脏，促进血液循环，增加摄氧量，增进器官功能，缓和情绪与思虑，可以使大脑皮层细胞得到充分的休息，改善焦虑睡眠。

8. 八段锦能促进青少年长高吗

影响青少年身高的因素主要有遗传、营养、睡眠、运动、精神、性成熟、疾病等几个方面，其中，运动因素对青少年身高有很大的作用。科学证明，通过运动，可以锻炼肌肉、骨骼，同时，促进生长激素的分泌和加强骨细胞的血液供应。八段锦属于中低强度的有氧运动，与其他体育健身项目一样，坚持练习，对青少年生长发育有一定的作用。

根据八段锦的柔和缓慢、圆活连贯、松紧结合、动静相兼、神与形合、气寓其中的特点和八段锦各式的作用：

“两手托天理三焦”：双手托天可将三焦之元气从丹田处上引，双手回落时，元气缓缓回落，复归于丹田，整个过程中元气顺三焦上下运动，滋养五脏六腑之气。

“左右开弓似射雕”：两臂左右尽力展开，配合大马步，作拉弓状，整个身体一张一弛，松紧有度，具有通达心肺、疏理肝气的作用，对消除胸闷，治疗胁痛具有明显作用。

“调理脾胃须单举”：两臂在中焦交替，上下相对而行，通过掌根的对拉拔长可以牵拉腹腔，对于脾胃肝胆起到很好的按摩作用，可以加强体内升清降浊的运动，对脾胃的收纳、运化功能有很大帮助。

9. 八段锦有无减肥的效果

人体摄入量大于消耗量，能量就在体内堆积，形成脂肪；人体摄入量小于消耗量，体内脂肪就转化为能量输出，身体存储的脂肪就减少。只要做到消耗量大于摄入量，就能达到减肥的功效。

练习健身气功·八段锦是可以一定程度上减肥瘦身的。八段锦属于缓慢的有氧运动，在练习时，可以让全身的肌肉达到一个放松的状态，在缓慢动作的过程中达到一定的消耗量，同时调整自己的呼吸方式，达到燃脂的效果。当然想要通过练习八段锦来减肥的话，一定要多坚持，同时增加运动强度或量，才能起到一定程度上消耗脂肪的作用，达到减肥的效果。

10. 八段锦能调节月经失调吗

月经失调是指月经失去规律性，导致女性月经失调的原因主要包括：过度节食导致女性体内的脂肪严重缺乏，雌激素水平过低引起月经失调；经常熬夜或者是压力过大，使卵巢内分泌功能紊乱，引起月经失调。长时间的情绪不好也会导致内分泌紊乱等。八段锦练习能起到一定调和气血、平衡阴阳的作用，但要从根源解决月经失调的问题，还是要有一个健康的生活习惯。

据文献调查发现，八段锦锻炼能显著改善女大学生原发性痛经的症状，且有益于心理健康的调节。

11. 习练者的腰椎间盘不好，通过练习八段锦的“摇头摆尾去心火”能改善吗？练习的幅度应该怎样

“摇头摆尾去心火”这一式在掌握正确动作与适合强度之下，对练习者的腰部有较好的锻炼作用。腰椎间盘不好的患者要在正规检查的同时，积极征求医生建议前提下，根据自身的情况，酌情进行锻炼，并且在锻炼的过程中随时监测自身的感受和变化，第一时间进行调节，从而达到锻炼的效果。

12. 八段锦能治疗颈椎病吗

对于一些轻微的颈椎不适有辅助治疗作用。适量练习健身气功·八段锦对于一些比较轻微的颈椎疼痛是有一定的缓解作用的，颈椎疼痛主要是因为人长时间保持不良姿势，从而导致固定椎体的肌群受到一定程度的损伤。而八段锦通过一些特定的姿势如“左右开弓似射雕”中的扩胸展肩、转头，可加强颈椎、胸椎的运动，纠正局部小关节的异常位置， 调节颈、肩、胸、背部肌肉平衡，对颈部的肌肉进行拉伸、放松，所以是可以缓解颈部疼痛的。不过如果颈椎问题比较严重，最好咨询医生以后再决定要不要练习八段锦，以免对颈部肌肉造成进一步的损伤。

13. 练习健身气功·八段锦对提高中老年人的身体健康水平有什么作用

人的健康水平如何，是否会发生疾病，主要取决于人体机能的状况，本功法就是一项旨在改善人体机能的健身养生运动，长期有规律地进行健身气功·八段锦锻炼，可以降低体脂和血脂，降低血压和心率，使其维持在正常水平，增强心肺功能。还可以降低交感神经张力，增强迷走神经张力，有助于降低发生心脑血管疾病的风险。同时，坚持健身气功·八段锦锻炼还可以提高练习者运动素质，缓解焦虑，改善心境，提高中老年人的生存质量。另外，长期坚持健身气功·八段锦锻炼可以增强中老年人清除自由基的功能，改善性激素水平，缓解智能生理年龄的衰退，具有一定的延缓衰老功效。因此，健身气功·八段锦是中老年人养生保健、延年益寿的一种有效手段，对提高中老年人的身体健康水平有一定的作用。

14. 练习健身气功·八段锦对改善中老年人身体形态有什么作用

研究表明，中老年人经过6个月的健身气功·八段锦练习，体重指数、围度指标、皮褶厚度等均发生显著变化，而且这种变化主要是身体成分变化，皮下脂肪组织含量显著下降，体重显著下降。健身气功·八段锦是一种中等强度的有氧健身运动，长时间、系统地参加健身气功·八段锦功法锻炼，可以改善中老年人群的身体成分，有助于塑造中老年人群健康、匀称、优美的体形。

15. 练八段锦对脑梗恢复有帮助吗

健身气功·八段锦属于全身运动，动作简单易学且安全，锻炼强度可根据自身情况进行调节，对脑梗塞后而造成的身体运动功能障碍，健身气功·八段锦对于康复是一个很好的选择。如“五劳七伤往后瞧”这式动作是头部反复向左、向右转动，眼球尽量往后看，通过头部运动对活跃头部血液循环、增强颈部肌肉活动有较明显的作用，加之两臂内旋、外旋，对消除大脑和中枢神经系统的疲劳和一些生理功能障碍等有一定的促进作用。

16. 经常性的手脚冰凉练习八段锦有用吗

日常生活中出现手脚冰凉的情况，一般是和心脏血管有很大的关系。因为心血管系统的功能出现问题，就会影响血液运行输送，以致造成手脚冰凉的情况。我国传统中医将其病症称为“阳虚”，在生活中是一种比较常见的病症。我国传统中医认为，手脚冰凉是天气转凉或身体受凉的情况下，导致肝脏受寒，肝脏的造血功能受到影响，从而引起肝脏阳气不足，肢体冷凉，手脚发红或发白的情况，甚至出现疼痛的感觉。练习整套八段锦促进全身血液运行，一定程度上能提高身体表面温度。其中“两手托天理三焦”“左右开弓似射雕”“调理脾胃须单举”“五劳七伤往后瞧”“两手攀足固肾腰”等式对习练者手部动作的要求能刺激上肢及手部血液的流动；“摇头摆尾去心火”“攒拳怒目增气力”“背后七颠百病消 ”对习练者下肢动作的要求能够刺激下肢肌肉促进血液循环。

17. 做了大手术初愈能练八段锦吗

首先要遵从医嘱，询问医生的建议并根据自身情况适度锻炼。八段锦柔筋健骨、养气壮力，具有行气活血、畅通经脉、协调五脏六腑之功能，可以达到强身健体、怡养心神、益寿延年、防病治病的效果。长期练习可以生发阳气、疏肝理气、强健脾胃，所以非常适合术后恢复练习。

18. 女士经期可以练八段锦吗？怀孕能练吗

来月经是可以练八段锦的，但是动作力度和幅度都可以稍微小一点。八段锦是一种比较温和的健身气功，动作都比较平缓，不属于剧烈运动，不会对身体造成不良影响，女性在经期是可以适量做一些比较舒缓的运动的。但是像快步跑、打篮球、游泳等消耗大的剧烈运动，经期是应该避免的。

孕妇是可以练八段锦的，但是并不是所有的孕妇都可以练。因为这个也是要看孕妇的身体状况的。虽然八段锦是一种很安全的运动方式，但是在练八段锦的时候孕妇要进行弯腰，伸腿等多种动作，所以孕妇在锻炼的时候可能会发生意外，可能会伤害到身体和胎儿，甚至可能会导致流产。所以，孕妇是可以练八段锦的，不过也要采取医生的建议。

19. 练习健身气功·八段锦是否能够改善中老年人心血管系统机能

八段锦是一项有柔和缓慢、内外结合、延绵不断等特性的中等强度的运动项目。在八段锦练习时的松紧结合，能加强人体血管在运动过程中的一张一弛，从而促进血液的流动、增强心肌能力和血氧代谢，达到降低血压，血脂水平的效果。年龄的增长会带来血管的弹性降低，动脉粥样硬化，血脂增高等危害，为预防此类情况，可以长期练习八段锦来改善心血管功能，这样能大大推迟中老年人心血管系统的老化过程。在练习时，心肌的耗氧量增加，对血液循环的要求增加，在一定程度上增加了心脏的负荷，与此同时，心脏冠状动脉循环血较平时增加，保证了心肌氧气和营养的供应。长久的练习，可使心肌的收缩能力和心脏的负荷能力都相应地得到提高，发生高血压及动脉硬化的概率大大减少，提高了生命的质量。